LA GARDE MOBILE DU LOT ET LA 3e DIVISION DU 17e CORPS

IMPRIMERIE J. BRASSAC FILS, CAHORS.

M. COURTIL

LA GARDE MOBILE DU LOT

ET

LA 3e DIVISION DU 17e CORPS.

CAMPAGNE DE 1870-1871.

(2e ARMÉE DE LA LOIRE.)

CAHORS :
LIBRAIRIE GIRMA, BOULEVARD NORD.

1879

A MONSIEUR GUIRAUDIES-CAPDEVILLE,

Ex-commandant des mobiles du Lot,

Chef de bataillon au 131e régiment territorial d'infanterie.

MON COMMANDANT,

A l'occasion de l'érection d'un monument à la mémoire de nos malheureux camarades vaillamment tombés pour la défense de la patrie en 1870-1871, j'ai pensé que le récit de nos combats serait de quelque à propos et pourrait offrir de l'intérêt.

Je n'ai pas la prétention de publier la relation détaillée des événements dont nous avons été les témoins et les acteurs ; cette tâche appartient à d'autres plus autorisés.

Raconter rapidement les opérations militaires de la 3e division du 17e corps d'armée, indiquer la part active prise par les enfants du Lot aux rudes travaux de la deuxième armée de la Loire et donner une idée générale de la campagne : tel est le but que je me suis proposé en écrivant ces quelques pages que je vous dédie.

Je serais heureux, mon Commandant, si vous vouliez bien agréer cet hommage de respectueux souvenir.

M. Courtil.

A MONSIEUR M. COURTIL,

Ex-capitaine au 70e régiment de mobiles,

Officier de réserve au 2e zouaves.

MON CHER CAMARADE,

J'ai lu avec la plus vive émotion votre récit sur la Mobile du Lot.

Au nom de tous nos anciens compagnons d'armes, je vous remercie d'avoir raconté, avec autant de sincérité que de clarté, les faits militaires auxquels nous avons pris part, les succès que nous avons remportés et les revers que nous avons subis pendant cette malheureuse campagne de 1870-1871.

En vous lisant, le pays se rendra compte de nos efforts et il jugera certainement que, dans une lutte si inégale, les enfants du Lot ont fait tout leur devoir.

Grâce à votre initiative, une souscription publique nous a permis d'élever un monument à la mémoire des Quercynois tombés pour la défense de la patrie ; la publication de votre intéressant récit va augmenter vos droits à notre reconnaissance et couronner l'œuvre patriotique que vous avez prise à cœur.

Encore une fois, merci !

Je vous prie d'agréer, mon cher camarade, la nouvelle assurance de mon attachement affectueux.

GUIRAUDIES-CAPDEVILLE.

LETTRE DE M. LE GÉNÉRAL DE COLOMB.

Paris, 14 juillet 1879.

MONSIEUR,

J'ai lu avec la plus grande attention et le plus vif intérêt votre livre sur la garde mobile du Lot et la 3e division du 17e corps d'armée.

Vous y racontez d'une manière très-émouvante le dévouement et les actions souvent héroïques de nos braves compatriotes. Votre livre sera certainement lu par tous ceux qui tiennent à notre département ou qui s'y intéressent, avec d'autant plus d'émotion qu'il est écrit par un des acteurs du drame qu'il met sous leurs yeux.

Je ne puis que vous louer d'avoir eu l'idée de cette publication qui montre à notre jeunesse des actions généreuses qu'elle devra s'efforcer d'imiter si elle est appelée un jour à combattre pour l'indépendance, la grandeur et la gloire du pays.

....

Veuillez agréer, monsieur, avec mes félicitations, l'assurance de mes meilleurs sentiments.

GÉNÉRAL L. DE COLOMB.

LETTRE DE M. LE GÉNÉRAL DE JOUFFROY.

Troyes, le 16 juillet 1879.

CHER MONSIEUR,

Votre petit livre est très-bien fait. Les mobiles du Lot y retrouveront des souvenirs précieux et vos compatriotes seront contents de relire ce que vous avez tous fait en 1870.

Je suis surpris que vous soyez arrivé à distinguer le plus souvent la vérité au milieu des fables qui ont été écrites.

Pour moi, je conserve le meilleur souvenir de tous les braves gens du Lot que j'ai eu l'honneur de commander et que je voudrais revoir.

Veuillez agréer, monsieur, l'assurance de mes sentiments distingués et affectueux.

GÉNÉRAL DE JOUFFROY.

ERRATA.

Page 12, ligne 34 : Gramat-Labastide ; *lire :* Gramat.

— 66, — 31 : Cernay ; *lire :* Prenay.

— 85, — 18 : Commandant Fouilhade, *lire :* sous-lieutenant Fouilhade.

— 98, — 13 : Chassaignes ; *lire :* Chahaignes.

—172, — 23 : rive gauche droite ; *lire :* rive droite.

—201, — 22 : de la Battelière ; *lire :* de la Bothelière.

—236, — 18 : *il est dit inexactement :* « Le général de Colomb, candidat lui-même, etc. » Or, le général était candidat à son insu et il ignorait que son nom figurât sur une des listes de candidat à la députation.

PRÉFACE.

Origine de la garde mobile. — La déclaration de guerre. — Nos premiers désastres. — La Défense nationale.

Après les événements dont l'Allemagne avait été le théâtre, en 1866, quelques hommes clairvoyants, frappés du développement inquiétant et de la puissante organisation des forces militaires de la Prusse, songèrent à réorganiser notre armée, et, le 1er février 1868, le Corps législatif, sur la proposition du maréchal Niel, ministre de la guerre, vota une nouvelle loi militaire.

Cette loi disposait que la durée du service militaire serait de cinq ans dans l'armée active et de quatre ans dans la réserve. En outre, une nouvelle force était créée sous le nom de *garde nationale mobile* et devait comprendre tous les jeunes gens qui, par leur numéro de tirage, étaient dispensés du service dans l'armée active ou dans la réserve, ceux qui s'étaient fait remplacer, enfin tous ceux qui étaient exempts comme fils aînés ou uniques de veuve, frères aînés d'orphelins, etc.; on estimait que l'ensemble de cette force, qui en temps de guerre serait appelée à la défense du territoire, s'élèverait à cinq cent mille hommes.

Le maréchal Niel mourut; son œuvre fut négligée.

A la fin de 1869, rien n'avait encore été fait pour organiser sérieusement, instruire et discipliner cette foule n'ayant aucune notion militaire. Les cadres n'étaient pas formés, aucun exercice n'avait eu lieu. La garde nationale mobile, il est vrai, avait bien été répartie en 318 bataillons et 128 batteries d'artillerie de place, mais cette organisation n'existait que sur le papier.

Le département du Lot figurait pour deux bataillons dans la répartition générale.

Dès les premiers jours de juillet 1870, des rumeurs inquiétantes, des bruits de guerre avec la Prusse commençaient à circuler à propos de la candidature du prince de Hohenzollern au trône d'Espagne; le 19, la guerre était officiellement déclarée et, quelques jours plus tard, une loi du

Corps législatif appelait à l'activité la garde nationale mobile.

A ce moment, quelques départements du Nord et de l'Est comptaient, seuls, un commencement d'organisation. Dans ceux de l'Ouest, du Centre et du Midi, tout était à improviser; mais l'on avait du temps devant soi, car nos gouvernants avaient solennellement déclaré que la France était prête!

Le 16 août 1869, le *Moniteur universel* s'était exprimé en ces termes :

« Une armée de ligne de 750,000 hommes dis-
» ponibles pour la guerre, près de 600,000 hom-
» mes de garde nationale mobile; l'instruction
» dans toutes les branches poussée à un degré
» inconnu jusqu'ici; douze cent mille fusils fabri-
» qués en dix-huit mois, les places mises en état,
» les arsenaux remplis, un matériel immense prêt
» à suffire à toutes les difficultés, quelles qu'elles
» soient; et, en face d'une telle situation, la
» France confiante dans sa force : tous ces résul-
» tats obtenus en deux années! »

Après cette pompeuse énumération de notre situation militaire, on envisageait la situation avec assez de confiance, et nul ne pensait assurément que la garde mobile dût entrer en ligne.

750,000 soldats français ! les soldats d'Afrique, de Crimée, d'Italie, de Chine, du Mexique ; mais quelle était donc la puissance européenne capable de résister à une telle armée?

En deux mois, nos troupes auront fait le tour de la Prusse, disait-on de toutes parts.

Or, l'on sait malheureusement ce qu'il advint :

Deux cent mille hommes à peine furent jetés à la frontière et opposés à six cent mille ennemis.

Nos soldats manquant de tout dès le début de la campagne, rien dans nos arsenaux, rien dans nos places fortes, partout le désordre ; nos frontières envahies, nos armées détruites malgré le courage héroïque de nos soldats ; désastres sur désastres : Wissembourg ! Wœrth ! Forbach ! le misérable Bazaine s'enfermant dans Metz pour n'en plus sortir, l'empereur Napoléon III capitulant à Sedan, en un mois l'ennemi à six journées de marche de la capitale !

Et nous étions prêts, avaient dit les hommes néfastes de l'Empire, ministres au *cœur léger* et aux *boutons de guêtres !*

— Le désastre de Sedan avait laissé la France entière sans armes et sans défenseurs. Le 13e corps, formé des dernières troupes de ligne, s'était replié sur Paris et la province n'avait plus aucune force organisée à opposer à l'envahisseur ; mais il restait la garde nationale mobile, qui fut immédiatement convoquée dans les départements où elle n'était pas encore sous les armes ; en outre, la France fit appel à tous ses enfants.

Bientôt cinq cent mille hommes furent debout et en armes. Toutes les classes de la société étaient accourues : gentilshommes, artisans, laboureurs, étaient confondus dans le rang ; tout ce qu'il y avait de jeune, de viril, de patriote, avait pris un fusil pour chasser l'envahisseur. Au sentiment de la patrie en danger, le souffle des combats avait passé sur la grande nation et réveillé son humeur belliqueuse. Ces jeunes soldats, improvisés comme la plupart de leurs chefs, qui de toutes parts demandaient à marcher à l'ennemi, c'étaient les dignes descendants des braves de Valmy et d'Iéna, c'étaient les frères des héroïques combattants de Gravelotte et de Frœschwiller !

C'est avec ces éléments que la délégation du gouvernement de la Défense nationale en province, allait improviser ces armées qui, pendant cinq mois, tinrent en échec les troupes les mieux organisées de l'Europe, vainquirent à Coulmiers, à Bapaume, à Villersexel, et qui, vaincues à leur tour, sauvèrent du moins l'honneur de la France !

LA

GARDE MOBILE DU LOT

ET

LA 3e DIVISION DU 17e CORPS

PREMIÈRE PARTIE

(Du 8 septembre au 27 décembre 1870).

I

Convocation à Cahors des mobiles du Lot. — Armement, organisation, premiers exercices. — Le départ. — Orléans. — L'armée de la Loire. — Evacuation d'Orléans.

Le 8 et le 9 septembre 1870, les deux bataillons de la garde nationale mobile du Lot furent convoqués à Cahors et armés dès leur arrivée ; bien peu de mobiles manquaient à l'appel.

Chaque bataillon était constitué à 8 compagnies

réparties par cantons (1); ainsi comprise, l'organisation était défectueuse, en ce sens que les compagnies avaient un effectif trop nombreux et inégal variant de deux cents à quatre cents hommes.

L'armement était mauvais et se composait de vieux fusils à percussion, mis en réforme depuis de nombreuses années; la plupart de ces armes n'étaient pas rayées; un assez grand nombre étaient absolument hors d'état de servir.

Les sous-officiers, seuls, reçurent des effets d'habillement.

Le cadre d'officiers, nommé à la hâte et avec peine, car les demandes d'emplois avaient été très-rares, comptait tout au plus un tiers d'an-

(1) 1er BATAILLON.
Commandant ESPORTELLE.

Compagnies.	*Cantons.*
1re	Cahors (cantons nord et sud).
2e	Montcuq. — Castelnau.
3e	Catus. — Cazals.
4e	Lalbenque. — Limogne.
5e	Saint-Géry. — Lauzès.
6e	Luzech. — Puy-l'Evêque.
7e	Labastide. — Payrac.
8e	Gourdon.

2e BATAILLON.
Commandant FOUILHADE.

Compagnies.	*Cantons.*
1re	Bretenoux. — Saint-Céré.
2e	Saint-Germain. — Salviac.
3e	Figeac.
4e	Latronquière. — Lacapelle.
5e	Gajarc. — Livernon.
6e	Gramat. — Labastide.
7e	Martel. — Vayrac.
8e	Souillac.

ciens militaires, soit un instructeur sérieux pour trois cents hommes. Les sous-officiers furent choisis parmi les mobiles : c'était l'élite de la jeunesse du département.

Du 10 au 20 septembre, on se mit courageusement à l'œuvre, mais les difficultés inhérentes au vice d'organisation, étaient immenses ; malgré leur bonne volonté, les instructeurs restaient souvent muets devant leurs pelotons, l'instruction militaire marchait très-lentement, les progrès étaient peu rapides et l'on s'attachait trop à des détails insignifiants, faute d'en savoir assez.

Durant cette première période, les mobiles étaient logés en grande partie chez l'habitant et recevaient un franc de solde par jour. Dépourvus d'effets militaires, la surveillance devenait impossible en dehors des exercices ; aussi le principe de la subordination s'établissait-il très-difficilement. Des actes d'indiscipline, qui avaient failli dégénérer en désordres sérieux, s'étant produits, à la suite de mesures considérées comme injustes, le commandant d'armes demanda le départ de la mobile pour la rapprocher des centres d'opérations.

Les officiers de la garde nationale mobile ayant été nommés par l'empire, un des premiers actes du gouvernement de la Défense Nationale avait été d'annuler ces nominations et de prescrire que désormais les chefs tiendraient leurs grades de l'élection.

Dans certains corps, cette manière de procéder

amena de fâcheux résultats; il ne fut pas tenu compte de la supériorité des connaissances ou des aptitudes, et des officiers qui avaient des titres sérieux furent éliminés.

Il n'en fut pas de même dans les deux bataillons du Lot : le 21, des élections eurent lieu, presque tous les officiers nommés par l'autorité militaire furent maintenus dans leurs grades.

Le 23, les deux bataillons recevaient l'ordre du départ, la destination était parfaitement choisie pour compléter leur éducation militaire : c'était Orléans, le théâtre de la guerre.

Dans la journée du 24, les deux bataillons se constituèrent à 7 compagnies de 174 hommes chaque; l'affluence des volontaires était telle que, dans quelques compagnies, tout le monde voulant partir, l'on dut tirer au sort pour savoir ceux qui resteraient. Les 8es compagnies de chaque bataillon formèrent le dépôt et encadrèrent les mobiles restant à Cahors, ainsi que les soutiens de famille qui venaient d'être appelés; ces hommes formèrent un peu plus tard un nouveau bataillon, le troisième.

A sept heures du soir, le 1er bataillon s'embarquait à la gare de Cahors. Une foule énorme, accourue de tous les points du département à la nouvelle du départ, se pressait aux abords de la gare. Les embrassements, les larmes, les poignées de main des pères, des mères, des parents, des amis, remuaient profondément le cœur des partants. La tristesse était générale.

A huit heures, tout le monde était en wagon, la locomotive fit entendre ses sifflements aigus, le train s'ébranla et partit. Sur un parcours de quinze cents mètres, hommes, femmes, enfants étaient venus se ranger le long de la voie pour nous saluer encore au passage ; peut-être était-ce la dernière fois ?

Le spectacle de ces touchants adieux nous avait vivement impressionnés ; le silence le plus complet régnait dans le train, de sinistres pensées nous assaillaient; c'était un recueillement solennel. Mais bientôt la vieille gaité gauloise reprit le dessus, les conversations s'animèrent peu à peu, et ce fut des rires, des chants et des propos joyeux ; cet entrain ne nous abandonna plus durant tout le voyage.

Le lendemain, le 2e bataillon s'embarquait à son tour, et, le 26, nous étions réunis à Orléans où la population nous accueillait d'une façon tout à fait inhospitalière.

Les débitants s'empressèrent de nous rançonner indignement et, pour ne citer qu'un fait à ma connaissance : A l'arrivée du 1er bataillon, le 25 au soir, quelques mobiles mourant de soif durent payer jusqu'à *soixante centimes* une carafe d'eau ! Aussi, pour empêcher de semblables abus, le général de Polhès, qui commandait à Orléans, dut établir un tarif de tous les objets de consommation.

Le 1er bataillon fut cantonné dans un couvent abandonné, le 2e dans des hangars à l'extrémité de la ville; notre moral était excellent, nous étions très-satisfaits de notre voyage; quelques mobiles qui n'étaient jamais sortis de leur village, étaient émerveillés de tout ce qui s'offrait à leurs regards.

Cependant l'ennemi était signalé en avant d'Orléans où déjà quelques engagements avaient eu lieu; la ville était en proie à de fréquentes paniques; c'était une alarme continuelle. Tout à coup, le cri : les *Prussiens!* se répandait dans les rues; les habitants effarés regagnaient rapidement leur domicile, les troupes couraient aux armes ou se sauvaient dans toutes les directions. Le désarroi, le désordre étaient à leur comble.

En présence d'une telle situation, il était évident que les mobiles du Lot, mal armés, ni habillés ni équipés, incapables de la moindre résistance, allaient devenir pour l'autorité militaire, plutôt un embarras sérieux qu'un appoint de forces. Aussi le général de Polhès songea-t-il a leur faire repasser la Loire.

Le 27, nous recevions l'ordre de nous rendre à Olivet, petite localité à quelques kilomètres d'Orléans; là, nous devions être rapidement équipés et recevoir un armement supérieur. Déjà l'avant-garde du 1er bataillon était en marche, lorsque des événements imprévus vinrent tout à coup changer notre destination : il nous fut prescrit d'avoir à nous diriger sur Blois, dès le lendemain matin.

A la suite d'un engagement sans grande importance, une des paniques habituelles s'était répandue dans la ville, et le général de Polhès, mal renseigné, télégraphia à Tours qu'il était obligé d'évacuer Orléans devant les forces supérieures de l'ennemi.

Durant la nuit, il régna une grande animation; à tout instant, on croyait voir arriver les Prussiens; les troupes étaient partout sous les armes, prêtes à franchir la Loire.

Au point du jour, nous étions rangés en bataille sur la rive gauche du fleuve, et il nous était donné d'assister au défilé de l'armée de la Loire, si toutefois on peut donner le nom d'armée à un ramassis de troupes de toutes armes, sans cohésion, sans discipline et dans une débandade complète : les mobiles de la Nièvre, quelques turcos, quelques zouaves, quelques troupes du 38e de ligne, un bataillon de mobiles de la Savoie, deux ou trois escadrons de cavalerie et une batterie de cinq pièces de l'ancienne garde impériale : voilà l'armée de la Loire au 28 septembre. Ces troupes, mieux disciplinées, devaient cependant vaincre à Coulmiers, quelques semaines plus tard.

A six heures du matin, sous un ciel magnifique, nous nous mettions en marche pour Blois par la rive gauche de la Loire. Le pays était splendide et notre marche faite dans d'autres conditions eût été une vraie partie de plaisir. Le soir, nous couchâmes à Saint-Laurent-des-Eaux, et le lendemain nous arrivâmes à Blois à quatre heures de l'après-midi.

Nous fûmes casernés au château.

Cependant Orléans avait été évacué précipitamment devant quelques escadrons de cavalerie ennemie qui ne songeaient certainement pas à s'emparer de la ville. Le lendemain de la retraite les troupes rentraient; les jours suivants, le 15e corps tout entier, sous le commandement du général de la Motterouge, se portait en avant d'Orléans et réoccupait les positions abandonnées.

Rappelés en toute hâte, le 1er octobre, nous étions de retour à Orléans, transportés en chemin de fer.

Avec les troupes était revenue la confiance et une folle sécurité avait remplacé les paniques des premiers jours. En effet, il se passait des choses tellement étonnantes qu'on se serait cru dans une ville du midi de la France ou bien plutôt dans une ville étrangère : tandis que nos soldats se battaient et que le canon grondait à Toury, les spectacles, cafés-concerts, bals, allaient leur train et regorgeaient de spectateurs, de consommateurs et de danseurs !!!

Le 5 octobre, les Prussiens, repoussés sur Angerville, se replièrent sur Etampes; mais, le 8, un corps d'armée considérable, commandé par le général Von der Tann, s'avança sur Orléans, et notre armée qui commençait à prendre quelque consistance, allait se trouver obligée de se replier de nouveau après avoir soutenu des combats acharnés.

Je laisse le commandant Guiraudies, à qui

j'emprunterai souvent quelques détails dans le courant de mon récit, raconter lui-même notre retraite. Ces pages écrites sur le théâtre même de la guerre (1), ont un cachet de couleur locale qu'on chercherait vainement à saisir au bout de sept années.

II

Retour à Orléans. — Le 2e bataillon à Châteauneuf-sur-Loire. — La panique. — Bataille d'Orléans. — La retraite. — Jargeau. — Sully. — Gien. — Nevers.

« ..... Orléans laissera dans notre souvenir une tache ineffaçable. Après l'avoir précipitamment évacué dans la nuit du 27 septembre, avec toutes les troupes, nous y étions de retour au 1er octobre, et les deux bataillons réunis sous le commandement de M. Esportelle, devenaient le 70e régiment de mobiles. Nous espérions, — comme si au temps où nous sommes, on pouvait faire des projets, — nous espérions quelques jours de repos pour compléter notre habillement et nous procurer à la fois effets et ustensiles de campement qui allaient nous devenir si nécessaires. Nous passions des marchés, nous commencions à prendre livraison, nous respirions un peu,

(1) Lettres sur la mobile du Lot par un officier supérieur. (Cahors 1871).

quand un ordre inoppiné de départ est venu nous surprendre. A peine notre nouveau colonel avait-il reçu ses instructions qu'un contre-ordre survenu dans l'espace de quelques heures séparait de nouveau les deux bataillons.

» Le 1er restait à Orléans avec le colonel, le second remontait la rive gauche de la Loire, avec mission de défendre la forêt contre l'invasion ennemie.

» Le 7 au matin, nos camarades, escortant de l'artillerie, se mettaient en route pour Châteauneuf-sur-Loire, point important d'où ils pouvaient rayonner dans diverses directions et se rallier aux troupes du général Maurandy, chargé de surveiller la forêt d'Orléans. Ils n'avaient encore pu recevoir leurs effets d'habillement, qui étaient seulement arrivés de la veille, mais ils purent en faire transporter une partie dans les bagages. Le temps pressait, on ne pouvait plus temporiser et déjà, dans le lointain, grondait la canonnade qui préludait, par le combat de Toury, à la bataille d'Arthenay. Nous étions encore une fois divisés et chacun de nous allait vivre d'une vie différente. Pendant que le 1er bataillon s'installait à la caserne Saint-Charles, pour s'équiper et s'habiller au fur et à mesure des livraisons, le second bataillon se préparait à la vie sévère du camp en face de l'ennemi. A peine arrivé à Châteauneuf, il dut se couvrir par des grand'gardes, et ses postes avancés veillèrent pour protéger l'artillerie campée à l'entrée du pays et pour se mettre en mesure de disputer chèrement à l'ennemi des succès où son audace n'a d'égale que notre folle sécurité. Mal vêtus et sans abris, nos jeunes soldats furent à la hauteur de leurs nouveaux devoirs, et dans l'esprit qui les animait comme dans les mesures prises, on reconnaissait l'impulsion énergique du brave commandant Fouilhade.

» Des ordres survenus dans la nuit modifièrent l'itinéraire tracé, et de Châteauneuf, le 2e bataillon dut marcher directement sur Gien, faisant ainsi une étape de près de 43 kilomètres, distance excessive pour tous et surtout pour de jeunes soldats. Mais une demi-journée de repos suffisait à les remettre, et, dès le lendemain, ils regagnaient jusqu'à nouvel ordre leurs cantonnements de Châteauneuf.

» Dans la soirée du 10, le 1er bataillon qui était resté à Orléans assistait à un triste spectacle. Après le combat d'Arthenay, une bande indisciplinée de cavaliers de toutes armes, saisis d'une folle panique, traversait la ville en criant : sauve qui peut ! et se précipitait sur le pont qui était déjà occupé par les malheureux habitants de la Beauce, se sauvant avec leurs bestiaux et ce qu'ils pouvaient avoir de plus précieux. A l'aspect de cette débandade, nos mobiles se formaient rapidement dans la cour du quartier, attendant des ordres, et leur attitude calme disait assez la contenance qu'ils auraient faite devant l'ennemi. Mais peu à peu le calme se rétablit, les craintes

2

que l'on avait conçues étaient prématurées.

» Le lendemain, aux premières lueurs du jour, la canonnade recommença de plus belle en se rapprochant d'Orléans. C'était la bataille de Cercottes qui devait finir par un désastre. Dans la soirée, toutes nos troupes battant en retraite, repassèrent la Loire, pendant que le bataillon de zouaves pontificaux, un bataillon de chasseurs et les mobiles de la Nièvre restaient seuls à faire face à l'ennemi au faubourg Bannier ou à la tête du pont. Cet honneur nous eût été réservé si notre armement n'eût été si défectueux, et la garde mobile de la Nièvre qui nous remplaça, mérita par sa vaillante conduite d'être citée à l'ordre du jour de l'armée.

» Combien il était triste ce défilé qui se faisait en même temps sur le pont de la Loire et sur le pont du chemin de fer, et combien il était douloureux pour nous de ne pouvoir enfin nous mesurer avec cet ennemi qui, pour la seconde fois et sans combat (1), nous obligeait à battre en retraite. Mais les ordres étaient précis, il n'y avait pas à hésiter, et la canonnade qui ne cessait de tonner

(1) Après les premières affaires d'Orléans, divers bruits coururent dans le département, relativement à l'attitude des mobiles du Lot dans ces combats. Or, nous ne fûmes aucunement engagés et nous ne pouvions l'être, eu égard à notre défaut d'instruction militaire ; — les trois quarts des mobiles ne savaient charger leurs armes; — du reste, aucun document historique ne mentionne même notre présence à l'armée à ce moment. Quelques jours plus tard, le 3 novembre, le commandant Guiraudies écrivait de Fourchambault : « ....Aussi, » n'est-ce pas sans quelque étonnement et sans que cela ait » provoqué nos sourires, que nous avons lu dans diverses

envoyait à deux pas de nous un obus foudroyer un officier de mobiles.

» Forcés d'abandonner nos bagages et notre magasin d'habillement, le temps nous faisant défaut pour régulariser la position de nos hommes malades laissés ainsi à la merci du vainqueur, nous dûmes nous replier précipitamment sur Jargeau, grosse bourgade située à 24 kilomètres d'Orléans. C'est là que nous avons passé notre première nuit de misère. 12,000 hommes nous y avaient précédés; aussi ne trouvâmes-nous ni aliments pour nous refaire, ni logements pour nous reposer. Fatigués et mourants de faim, nous fûmes réduits à nous étendre sur la route, à la lueur des feux du bivouac et aux sombres clartés de l'incendie qui nous venaient d'Orléans.

» Cette première nuit n'abattit pas le courage de nos hommes, et, dès le lendemain, nous quittions Jargeau pour remonter la Loire. Les troupes, désormais abandonnées à elles-mêmes, marchaient à la débandade dans différentes directions, et, nous trouvant sans ordre, nous n'avions plus qu'à rallier le 2e bataillon qui était toujours à

» lettres qui arrivent au régiment, le récit des bruits étran-
» ges qui, paraît-il, ont couru dans le département. D'après
» les uns, nous aurions vaillamment donné à Pithiviers et
» laissé bon nombre de nos camarades sur le champ de ba-
» taille ; d'après les autres, Arthenay et Cercottes donne-
» raient une triste idée de notre contenance devant l'ennemi.
» Il serait pourtant bon de se tenir en garde contre des
» bruits de cette nature. Ils ont au moins l'inconvénient d'in-
» quiéter les familles si préoccupées déjà de ceux qui leur
» sont chers. »

Châteauneuf et dans les divers points de la forêt où il avait été envoyé. Gien fut notre point de réunion ; les ponts, sur la Loire, ayant sauté, nous dûmes marcher parallèlement sur l'une et l'autre rive du fleuve. De Jargeau à Sully, notre étape fut marquée par un triste incident. Un coup de fusil, parti par mégarde, blessa deux de nos mobiles, dont l'un assez grièvement. Enfin, un peu harassés, nous arrivâmes à Sully, qui fut pour nous la ville hospitalière par excellence. Les habitants se disputaient nos mobiles, et M. le maire de Sully, qui n'avait pas pu en donner à tout le monde, eut à entendre exprimer plus d'un sympathique regret.

» Nous n'aurions eu à emporter que d'heureux souvenirs de la cordiale hospitalité qui nous fut donnée, si, à notre réveil, nous n'avions eu la douleur d'apprendre qu'Orléans, cette ville si âpre dans ses exigeances et empressée à rançonner nos mobiles, avait réservé son meilleur accueil à l'ennemi qui souille et qui ruine la France, et l'histoire vengeresse se souviendra que la ville de Jeanne d'Arc a jeté des fleurs dans la voiture du prince Albert.

» C'est à Gien que les deux bataillons se retrouvèrent, et c'est à Gien que l'un et l'autre apprirent qu'immédiatement après leur départ de Jargeau et de Châteauneuf, les uhlans, 5 d'abord, 25 ensuite, 200 plus tard, venaient à un faible intervalle, audacieusement rançonner ces villes hospitalières où, chose triste à dire, tant est grande la terreur qu'ils inspirent, pas un homme n'osait se lever pour défendre ses foyers. A Gien, nous trouvâmes 25,000 hommes et nous dûmes camper, les uns sur la promenade du Château, les autres sur les sables de la Loire. Le pain manqua à plus d'un d'entre nous, et, dans cette ville, chef-lieu de sous-préfecture, cité industrielle et relativement importante, plus d'un se coucha sans pouvoir assouvir sa faim.

» Le général Martin des Paillères, sous les ordres duquel nous nous trouvions, nous expédia à Nevers par la voie ferrée, pour y compléter notre équipement. Le bien-être succédait à la misère, et dans ce plantureux Nivernais, nous pensions pouvoir oublier les façons inhospitalières d'Orléans, l'égoïste cité. Partout le même accueil sur la route. A Cosne, large distribution de vivres; à La Charité, accueil tout aussi cordial et, cette fois, sous la présidence d'une gracieuse, charmante et idéale jeune fille. Notre campement de Nevers nous rappela à la triste réalité; peu ou point de paille, un sol détrempé et fangeux, et la pluie qui tombait sans cesse. Nos hommes s'installèrent, comme de vieux soldats, côte à côte avec des troupes de ligne, des zouaves et des tirailleurs algériens. Le séjour sous la tente devenait toutefois impossible, et le général nous envoya prendre nos cantonnements à Fourchambault, Varennes-les-Nevers et Marzy. Nos hommes qui, le premier jour, durent camper en partie, furent promptement accueillis par la population, et de toutes parts, aujourd'hui, ce sont les mêmes éloges qui nous reviennent sur leur conduite. »

III

Les deux bataillons devenus le 70e régiment de garde mobile s'organisent et s'instruisent rapidement à Fourchambault. — Le lieutenant-colonel Esportelle. — Arrivée à Nevers du 3e bataillon. — Vendôme. — Formation de la 3e division du 17e corps.

Le 16 octobre, les deux bataillons devenus le 70e régiment de mobiles, étaient installés à Fourchambault et aux environs, au milieu de populations très-sympathiques. Les habitants s'étaient empressés de nous accueillir dès notre arrivée et nous comblaient d'égards.

Le mobile était l'hôte de la famille, il avait sa place à la table et au foyer et remplaçait en quelque sorte le fils absent. En effet, donner à leurs compagnons d'armes, c'était pour eux donner à leurs propres enfants qui, sans doute, recevaient ailleurs la même hospitalité.

Durant le cours de nos diverses pérégrinations, nous n'avions pu consacrer presque aucun moment à l'exercice ; aussi notre instruction militaire était-elle très en retard. A ce sujet, il me souvient encore de notre attitude tragi-comique à Orléans le 11 octobre : rangés en bataille sur la rive gauche de la Loire, devant la caserne Saint-Charles, et attendant l'ennemi, les trois quarts des mobiles ne sachant pas charger leur fusil, le passaient gravement à un camarade plus habile, qui, la baguette à la bouche, s'acquittait en braconnier de cette opération ; quelques-uns même avaient glissé la cartouche dans le canon la balle la première !

Tranquilles désormais, nous allions mettre à profit le peu de temps que nous avions à rester inactifs pour achever de nous organiser et de nous instruire rapidement, tandis que de son côté le 3e bataillon se formait à Cahors et n'allait pas tarder à nous rejoindre.

Sous la vigoureuse impulsion du lieutenant-colonel Esportelle (1), officiers et sous-officiers travaillèrent avec ardeur et, grâce à ses leçons, grâce à ses conseils, chacun fut bientôt à la hauteur de la situation.

Organisation, administration, exercices, théorie, tout était réglé, tout était prévu par le lieutenant-colonel ; il embrassait tous les détails et tranchait immédiatement toutes les difficultés. Dans l'ensemble comme dans chaque partie, on reconnaissait en lui l'homme du métier connaissant à fond *son affaire*. Aussi, convient-il de rendre cette justice à M. Esportelle que, s'il ne suivit pas le 70e mobiles sur les champs de bataille, il

---

(1) Ancien chef de bataillon en retraite.

le mit rapidement à même de paraître *décemment* devant l'ennemi.

Au bout de quinze jours, des progrès très-considérables étaient constatés. Le général du Temple, qui commandait à Nevers, venant à Fourchambault passer une revue du régiment, fut frappé de notre air martial et dit, à l'issue de la revue, aux officiers réunis en cercle autour de lui : « Messieurs, j'ai quelque habitude des trou-
» pes, je le dois malheureusement à mon âge et
» à mes longs services. Eh bien, rappelez-vous
» que vos hommes se tiendront bien au feu et
» que vous aurez d'excellents soldats. J'ai rare-
» ment vu des physionomies plus énergiques... »

La suite prouva que le général ne s'était pas trompé dans son appréciation.

Des troubles ayant éclaté à Torteron, centre industriel assez important, à quelques kilomètres de Fourchambault, une compagnie du 1er bataillon y fut envoyée pour maintenir l'ordre et y tint garnison; son énergique contenance en imposa aux émeutiers et il n'y eut aucun désordre à déplorer.

Durant cette période, l'armée de la Loire s'organisait activement à la Motte-Beuvron et à Salbris, sous le commandement du général d'Aurelle de Paladines; les 15e et 16e corps allaient bientôt se porter en avant; malgré le désastre de Metz, la France allait tenter de nouveaux efforts pour chasser l'envahisseur.

Le 2 novembre, le 3e bataillon arrivait à Nevers; dès lors, le régiment se trouvait au complet.

Dans la journée du 4, les deux premiers bataillons rallièrent le troisième à Nevers, des ordres de départ étaient parvenus au régiment et nous devions quitter cette ville pour être dirigés sur Tours. Le bruit courait que notre compatriote, M. Gambetta, nous avait choisis comme gardes d'honneur de la délégation, et, à vrai dire, ce rôle de prétoriens ne nous répugnait pas le moins du monde ; mais, au moment du départ, une dépêche vint donner contre-ordre, et le général du Temple nous envoya au camp de Pignelin, près de Nevers.

A peine avions-nous dressé les tentes que nous étions rappelés à Nevers en toute hâte et dirigés immédiatement sur Vendôme.

Le 5, au soir, nous étions arrivés à destination et casernés au quartier de cavalerie.

Les jours suivants, de nombreuses troupes arrivèrent à Vendôme où devait se former la 3e division du 17e corps. Les exercices furent activement continués et nous fûmes pourvus de tout ce qui nous manquait ; notre armement, seul, laissait à désirer, mais des *chassepots* nous étaient promis et nous devions les recevoir incessamment.

L'habillement se composait d'un képi, d'une blouse-vareuse en molleton, d'un pantalon en drap grossier et d'un burnous-capote surnommé criméenne ; nous avions, en outre, une couverture de laine, un tricot de coton et une ceinture de flanelle. Ces vêtements eussent été suffisants s'ils avaient été de bonne qualité, mais déjà nos chaussures et nos pantalons manquaient et étaient presque usés, et la criméenne, excellente pour le froid, pompait l'eau comme une éponge et était importable par un temps pluvieux.

La discipline était excessivement sévère parmi les troupes. Un soldat de la ligne, condamné à mort pour refus d'obéissance étant ivre, fut fusillé sur le champ de manœuvres, et le spectacle de son exécution était bien fait pour maintenir dans le devoir ceux qui auraient eu quelque velléité de s'en écarter.

Au 70e mobiles, nous étions tous animés de la meilleure volonté ; les choses se passaient bien un peu en famille, néanmoins les officiers et sous-officiers étaient rarement mis dans le cas de faire usage de leur autorité.

Cependant le moment d'entrer en ligne arrivait rapidement. Le 9 novembre, les jeunes troupes françaises avaient battu les Bavarois à Coulmiers; il était désormais démontré que l'on pouvait quelque chose avec les mobiles qui, s'ils n'avaient pas encore la solidité et l'aplomb de vieux soldats, en avaient du moins le courage et l'entrain. La France se redressait. De toutes parts s'improvisaient des corps d'armée; la lutte allait recommencer acharnée, terrible !

Le 18 novembre, la 3me division du 17e corps dont nous faisions désormais partie était au complet (1), sous les ordres du général Deflandre, et

(1) 3e DIVISION D'INFANTERIE DU 17e CORPS.
Commandant : Deflandre, général de brigade.

recevait l'ordre de rejoindre le 17e corps en avant de Châteaudun sur la Conie.

A ce moment, le 70e mobiles avait un effectif de 3,600 hommes environ ; c'était une force imposante sans doute, mais manquant complétement de cohésion (2).

Les deux premiers bataillons, déjà entraînés par leurs marches sur la Loire, s'étaient trouvés en contact avec des troupes de ligne et avaient acquis l'habitude du campement ; leur nouveau frère, le troisième, était parfaitement organisé et arrivait avec un cadre plus complet : un aumônier, un *officier-tambour* et..... une fort jolie cantinière !

Pour des motifs de santé, le lieutenant-colonel Esportelle dut quitter le régiment et rentra dans sa famille ; le commandant Fouilhade, en sa qualité de plus ancien chef de bataillon, prit le commandement provisoire.

1re BRIGADE.

Commandant : de Jouffroy d'Abbans, colonel.

1er bataillon de chasseurs à pied de marche;
45e régiment de marche d'infanterie;
70e régiment de mobiles (Lot).

2e BRIGADE.

Commandant : Sautereau, colonel.

46e régiment de marche d'infanterie;
76e régiment de mobiles. (Ce régiment, qui ne rejoignit la division que le 11 janvier, se composait d'un bataillon de mobiles de l'Ain, un de l'Aude et un de l'Isère).

(Voir à l'appendice, note 1, l'ordre de bataille complet de la 3e division).

(2) Voir à l'appendice, note 2, pour les commandants successifs du régiment, des bataillons et des compagnies.

IV

La 3e division se porte sur la Conie. — Nouvel armement du 70e mobiles. — Le 17e corps et sa mission. — Situation générale. — Expédition de Brou. — Premières impressions à l'approche de l'ennemi. — Entrée dans Brou. — La retraite. — Aventure nocturne.

Le 20 novembre, la 3e division du 17e corps quittait Vendôme; Fréteval était la première étape.

Dans la gare de cette ville se trouvaient les chassepots que le ministre de la guerre, M. Léon Gambetta, s'était empressé de nous faire envoyer, à la nouvelle de notre prochain départ pour l'armée. Dès notre arrivée à Fréteval, nous échangeâmes nos vieux *flingots* contre notre nouvel armement; quelques théories sur le fusil modèle 1866 nous avaient été faites à Vendôme; aussi, en bien peu de temps, nous fûmes à peu près au courant du mécanisme de l'arme et de la charge.

Le 21, nous couchâmes à Cloyes, et le 22, après avoir traversé vers le milieu du jour l'héroïque cité de Châteaudun, nous allions camper à Conie.

A la nuit, un grand nombre de feux de bivouac, allumés de tous côtés et sur une grande étendue de terrain, nous révélèrent la présence de nombreuses troupes dans ces parages. C'était le 17e corps dont la mission consistait à couvrir l'aile gauche de l'armée de la Loire et à garder la Conie. Ce cours d'eau, affluent de gauche du Loir, avait une grande importance et formait une excellente ligne de défense à cause des marais presque infranchissables qui le longent pendant l'hiver.

La saison devenait rigoureuse et notre campagne commençait sous de bien mauvais auspices. L'hiver, cet ennemi cruel pour les armées campées, s'avançait à grands pas avec son cortége de neiges et de glaces. Déjà la toile de nos tentes était un bien faible abri contre le vent qui soufflait avec force et la pluie qui tombait abondamment ; le terrain détrempé et fangeux n'offrait aucune résistance pour maintenir les petits piquets de la tente-abri que la moindre rafale enlevait comme une plume, et, lorsque ce désagrément nous arrivait la nuit, nous pataugions dans la boue, sous une pluie battante et dans l'obscurité la plus complète, sans pouvoir parvenir à reconstituer notre domicile : nos misères commençaient.

Toutefois, le moral était excellent, la gaieté et l'entrain ne cessaient de régner dans les camps ; ainsi que toutes les troupes, nous nous ressentions de l'enthousiasme produit par le succès de Coulmiers. Nous avions confiance !

Le 24, notre division appuyait plus à gauche et nous allions camper sur le plateau de Donnemain-St-Mamert ; le terrain était plus sec et le campement excellent.

Dans la nuit nous reçumes l'ordre de nous tenir prêts à marcher au point du jour.

Le général de Sonis, commandant le 17e corps, avait formé le projet de tenter un coup de main sur Brou qu'occupaient les avant-postes allemands du grand-duc de Mecklembourg, établi à Chartres avec le gros de son armée. Dès que notre division eut rejoint le 17e corps, il décida que l'opération aurait lieu le 25.

A cinq heures et demie du matin, le régiment, sous les ordres du commandant Fouilhade, quittait le camp de St-Mamert, se dirigeant vers un plateau, point de concentration de la division; à sept heures, la 3e division était réunie tout entière et en ordre de bataille. Il avait été prescrit de ne pas lever les tentes et de laisser les sacs au camp sous la surveillance de la garde de police; aussi, croyant que nous rentrerions de bonne heure, nous n'emportions que le fusil et des cartouches.

Le général Deflandre parcourut rapidement à cheval le front de la division et harangua ses troupes. Arrivé devant nous, il nous dit : « Mes enfants! vous serez aujourd'hui en réserve; néanmoins, si j'avais besoin de vous, je compte sur votre dévoûment! »

Ces simples paroles nous électrisèrent; à ce moment, nous nous serions jetés dans le feu si on nous l'avait ordonné. Ce : *mes enfants!* employé à propos par un chef, enlèvera toujours des soldats français.

Les première et deuxième divisions étaient déjà en marche sur Brou; la troisième, formant l'aile droite, devait surveiller les bois, à l'est, pendant le mouvement.

Bientôt, sur l'ordre du général, les troupes s'ébranlèrent, l'artillerie partit au grand trot à travers champs, escortée par un escadron de cavalerie; les chasseurs à pied, les troupes de ligne suivirent le mouvement dans un ordre parfait. Le coup-d'œil était splendide et nous donnait la plus grande confiance; nous aurions voulu suivre nos compagnons d'armes et ne pas les quitter; mais nous ne nous mîmes en marche qu'après les avoir perdus de vue.

A dix heures, la canonnade retentissait fortement dans la direction de Brou; nous hâtâmes le pas et, à midi, nous rejoignions la division que nous trouvions établie vis-à-vis des bois à l'est de Brou : l'infanterie en bataille sur la route, l'artillerie en batterie dans les champs.

Cependant les canons, la bouche tournée vers les bois, semblaient guetter l'ennemi; les mitrailleuses regardaient fixement l'horizon, prêtes à vomir la mitraille; le général Deflandre fouillait attentivement de sa lorgnette les terrains environnants; muets, immobiles, nous attendions anxieux; tout semblait préparé pour une attaque, et le canon grondait toujours à notre gauche.

Dès notre arrivée, le général Deflandre donna l'ordre au commandant Fouilhade de faire battre les bois en avant de nous; il craignait, disait-il, qu'ils ne fussent occupés par l'ennemi.

Quelques compagnies, désignées pour cette opération, se dirigèrent immédiatement vers les points indiqués. Au lieu d'être en réserve, comme avait dit le général, c'était nous, au contraire, qui allions commencer l'attaque.

Une compagnie des nôtres était bien près d'atteindre son objectif, lorsque le commandant Fouilhade accourut à cheval pour nous haranguer et faire un chaleureux appel au courage de tous : « Très-probablement, nous dit-il, les Prussiens » sont dans le bois ; il faut les attaquer vigoureu- » sement, les en débusquer et montrer que le Lot » est toujours le pays des braves ! »

A ce moment, un cavalier vint rappeler le commandant et lui dire, de la part du général qui observait attentivement nos mouvements, que sa place était avec le régiment.

Tandis que le commandant s'éloignait, nous pénétrâmes résolument dans le bois : il n'était pas occupé.

Enhardis par l'absence de l'ennemi, nous nous engageâmes en avant et parvînmes bientôt à l'extrémité opposée, car il était de petite étendue ; devant nous, se trouvait un champ assez vaste et, plus loin, de grands bois. L'ennemi annoncé était sans doute là-dedans et ne pouvait tarder à paraître ; nous nous mîmes en demeure de bien le recevoir : la moitié de la compagnie se déploya en tirailleurs sur la lisière, se dissimulant derrière les arbres et les buissons ; l'autre moitié se plaça en réserve à cent mètres en arrière.

Bientôt nous distinguâmes vaguement le fourmillement d'une troupe en marche et le mouvement des branches sur tout le front du bois, indiquait clairement que nous allions avoir affaire à des forces considérables qui s'avançaient rapidement sur nous. Il n'y avait pas à s'y tromper, évidemment c'étaient les Prussiens.

A ce moment solennel, un frisson nous passa des pieds à la tête et plusieurs d'entre nous sentirent leur visage inondé d'une sueur qui n'était produite ni par un excès de chaleur, ni par un excès d'héroïsme.

Et, ma foi ! pourquoi ne pas l'avouer ? A cette pensée que les Prussiens étaient là tout près, à deux cents mètres, et qu'il allait falloir en venir aux mains, nous étions loin d'avoir une bien grande confiance en notre courage. Néanmoins, chacun fit contre mauvaise fortune bon cœur et nous cherchâmes à nous encourager réciproquement en faisant jouer brusquement le tonnerre de nos chassepots.

Tout à coup les masses ennemies parurent sur la lisière.

— Attention et visez bien, crièrent aussitôt les officiers !

..... — Nous allions commencer le feu lorsqu'un immense troupeau de moutons, conduit par plusieurs-bergers, déboucha dans le champ.

En quelques bonds, nous eûmes rejoint les bergers qui, eux aussi, ainsi que leurs moutons, furent fortement effrayés de cette apparition insolite : Les Prussiens ! où sont les Prussiens ? leur criâmes-nous de toutes parts.

Renseignements pris, l'ennemi était à vingt kilomètres au moins et en déroute depuis dix heures du matin ; franchement nous fûmes soulagés d'un grand poids. Toutefois nous n'osâmes pas convenir que nous avions eu peur. Ah ! s'ils étaient venus, comme nous les aurions soignés d'importance, disions-nous.... !

— Quelques fermes étaient à proximité ; les bergers nous procurèrent rapidement du pain, du cidre et d'excellents fromages, et, tranquillement assis sur le gazon, nous songeâmes très sérieusement à déjeuner pendant que nos camarades et le général attendaient, anxieux, le résultat de nos investigations.

Cette expédition faillit nous coûter cher, car, dès que nous reparûmes à la vue de la division, l'artillerie, ignorant sans doute notre présence dans le bois, se préparait à nous envoyer quelques décharges de mitrailleuses. Le commandant Guiraudies, intervenant fort heureusement, assura que nous faisions partie de son bataillon.

A trois heures du soir, notre division recevait l'ordre de poursuivre sa marche en avant. La canonnade avait cessé et les Prussiens, rencontrés par les 1re et 2e divisions, avaient été repoussés jusqu'à Yèvres, près de Brou, où ils avaient essayé de tenir ; mais, écrasés par le feu de notre artillerie bien supérieure en nombre, ils avaient dû abandonner cette position et se replier précipitamment. Nos troupes pénétrèrent dans Brou à leur suite au cri de : Vive la France! les habitants, dans l'enthousiasme, se pressaient aux fenêtres pour acclamer nos soldats et répondaient : Vive l'armée française ! La joie était immense; elle devait être de bien courte durée.

Nous arrivâmes à Brou à la nuit.

Déjà la ville était encombrée de troupes, et les corps, arrivés successivement, se pressaient, s'entassaient, s'emmêlaient dans le plus grand désordre; presque tout le 17e corps était réuni dans Brou.

Mobiles, soldats de la ligne, artilleurs, cavaliers, visitaient une à une les maisons sans parvenir à trouver quelque nourriture ; les convois n'avaient pas suivi le mouvement, les troupes étaient affamées et le village, dévasté par les Allemands, n'offrait aucune ressource immédiate pour tant de monde.

Dans cette situation, le général de Sonis dut donner l'ordre de reprendre nos campements du matin ; l'artillerie fit demi-tour, l'infanterie suivit le mouvement et les malheureux habitants, confiants à la vue de tant de troupes, eurent la douleur de nous voir éloigner.

Le défilé de l'armée dura longtemps, car les corps étaient obligés de franchir l'Ozanne sur un seul pont. La fatigue des troupes était extrême, et la foule des traînards considérable ; un très-grand nombre de soldats épuisés se couchèrent sur les routes et les chemins sans pouvoir aller plus loin et ne rejoignirent que le lendemain dans la matinée.

Pendant ce mouvement de retraite, il arriva un incident assez curieux qui mérite d'être rapporté :

Vers le milieu de la nuit, nous avions fait halte, ainsi que d'autres troupes de la division, pour nous reposer un instant sur la route.

Harassés de fatigue, la plupart d'entre nous dormaient tout debout, appuyés à l'épaule d'un voisin, ou sur l'extrémité du canon du fusil ; le silence le plus complet régnait dans les rangs, quand le galop de quelques chevaux ou un bruit quelconque retentissant soudain, vint nous réveiller brusquement de notre état de torpeur et nous faire croire à l'arrivée subite d'une troupe de cavalerie en marche sur nous.

Voulant se garer promptement, les mobiles et soldats occupant le milieu de la chaussée se précipitèrent sur les banquettes, se poussant violemment les uns les autres ; là ils se heurtèrent à des hommes assis ou couchés qui leur firent perdre l'équilibre ; les premiers tombés entraînèrent les autres, et en un instant, le même désordre contagieux se produisit sur un parcours de deux kilomètres. D'un bout à l'autre de la colonne, ce fut une culbute générale ; quatre à cinq mille hommes, renversés comme un château de cartes, étaient couchés les uns sur les autres dans un pêle-mêle indescriptible. C'était un enchevêtrement grotesque de bras et de jambes ; quelques-uns, meurtris par leur chute ou contusionnés par le choc des armes, crurent, sans nul doute, que leur dernier moment était venu et que toute la cavalerie allemande leur passait sur le corps.

On fut longtemps avant de pouvoir se dégager, et nous rîmes beaucoup de cette aventure. Mais, ce qui ajoute encore au comique, c'est que quelques mobiles, n'ayant jamais pu s'expliquer ce fait étrange, ont toujours persisté à croire à un événement surnaturel produit par une influence occulte, ou bien encore, à une *admirable* combinaison stratégique des Prussiens.

A trois heures du matin, nous étions de retour au camp ; la marche avait duré dix-neuf heures, trois cents hommes à peine rentraient avec la colonne.

V

L'armée du grand-duc de Mecklembourg. — La retraite du 17e corps sur la forêt de Marchenoir. — Autainville. — Le 17e corps rejoint l'armée de la Loire. — Le champ de bataille de Coulmiers. — Ordre du jour du général d'Aurelle de Paladines.

L'expédition de Brou, mal conçue, n'avait produit aucun résultat (1) : elle avait eu pour conséquence de fatiguer inutilement les troupes au début des opérations et d'attirer l'ennemi sur le 17e

(1) Voir A. le Faure. — *Histoire de la guerre franco-allemande de* 1870 — 71, p. 117.

corps. En effet, dès la nouvelle de notre attaque, le grand-duc de Mecklembourg avait aussitôt dirigé sur nous des forces considérables.

Le 26, dans la matinée, les têtes de colonnes prussiennes étaient en vue; le canon se faisait entendre dans la direction de Brou et de Bonneval, les retardataires de la veille rentraient rapidement, annonçant l'arrivée de l'ennemi; bientôt, la canonnade se rapprochant, nous reçumes l'ordre de lever rapidement les tentes. A une heure, nous étions rangés en bataille, l'arme au pied, attendant des ordres.

Informé de la marche de trois corps d'armée ennemis sur nos positions (1), le général de Sonis résolut d'esquiver le combat et de se dérober par une marche de nuit. En conséquence, nous abandonnâmes nos positions de Marboué et de Donnemain-Saint-Mamert sur la Conie, pour nous replier sur la forêt de Marchenoir.

Nous commençâmes notre mouvement à cinq heures du soir.

Pendant toute la nuit, le canon ne cessa de gronder sur nos derrières et sa grosse voix, retentissant tout à coup au milieu de l'obscurité et du calme de la nuit, nous impressionnait fortement. En outre, des fusées de diverses couleurs apparaissaient, par intervalles et simultanément sur divers points à la fois.

---

(1) 1er corps bavarois, 17e et 22e divisions prussiennes, deux divisions de cavalerie.

Était-ce des signaux de l'ennemi ou bien de nos troupes ? Nous n'en savions absolument rien et il nous tardait vivement que le jour parût pour nous reconnaître.

Le 27, au matin, nous nous reposâmes un instant près de Verdes, et, le soir venu, nous allâmes camper à Autainville : c'était notre objectif.

Cette marche n'avait été ni moins longue ni moins pénible que celle de Brou; déjà quelques mauvais marcheurs étaient tombés entre les mains des uhlans qui poursuivaient nos arrière-gardes.

Les positions que nous venions d'abandonner avaient été immédiatement occupées par l'ennemi; dans cette même journée du 27, les Bavarois, dépassant Châteaudun, s'avancèrent jusqu'à le Mée; mais les jours suivants, le grand-duc de Mecklembourg, exécutant un brillant mouvement stratégique, abandonnait tout-à-coup notre poursuite, se jetait rapidement à gauche pour opérer sa jonction avec le prince Frédéric-Charles, et concentrait son armée devant les 15e et 16e corps.

Une bataille était imminente.

En prévision de cette attaque, le 17e corps reçut l'ordre d'accourir en toute hâte renforcer les 15e et 16e corps et former la gauche de l'armée française.

Notre court séjour à Autainville fut marqué par le triste spectacle d'une triple exécution; trois soldats de la ligne, condamnés à mort par la cour martiale du 17e corps, furent fusillés en présence de détachements de chaque régiment. Ces exemples, quoique terribles, étaient cependant absolument nécessaires pour maintenir la discipline parmi les troupes.

Dans la matinée du 30, le 17e corps commença son mouvement pour rejoindre l'armée de la Loire; le soir, nous couchâmes à Coulmiers.

Durant cette marche, nous avions trouvé sur notre chemin les marques encore récentes de la bataille du 9 novembre : villages, fermes et hameaux incendiés, maisons écroulées ou percées par les obus, champs de blé ravagés par la cavalerie ou piétinés par l'infanterie, des cadavres à demi enfouis, partout des ruines, partout le deuil, et, pourtant, c'étaient là les traces du passage de nos troupes victorieuses, que la cruelle nécessité forçait à contribuer elles-mêmes à la ruine et à la destruction.

Dans la journée du 1er décembre, l'armée du grand-duc de Mecklembourg, établie de Toury à Orgères, certaine de sa jonction avec l'armée du prince Frédéric-Charles à Pithiviers, avait attaqué les positions françaises, et les Bavarois, complètement battus par le 16e corps, avaient été repoussés de Loigny; toutefois, dans la soirée, nos reconnaissances signalèrent de profondes colonnes ennemies en mouvement sur tout le front de l'armée de la Loire : une grande bataille se préparait pour le lendemain.

L'armée française, composée des 15e et 16e corps, se développait sur une vingtaine de kilomètres, ayant sa droite à Arthenay, sa gauche à

Nonneville; notre corps avait poussé jusqu'à Saint-Péravy-la-Colombe.

Vers le milieu de la nuit, nous apprîmes avec joie, par l'ordre du jour suivant, la nouvelle d'une grande victoire de l'armée de Paris et la sortie du général Ducrot :

« Officiers, sous-officiers et soldats de l'armée » de la Loire,

» Paris, par un subline effort de courage et de » patriotisme, a rompu les lignes prussiennes.

» Le général Ducrot, à la tête de son armée, » marche vers nous.

» Marchons vers lui avec l'élan dont l'armée de » Paris nous donne l'exemple.

» Nous pouvons sauver la France.

» Vous avez devant vous cette armée prussienne » que vous venez de vaincre sous Orléans; vous » la vaincrez encore.

» Marchons donc avec résolution et confiance! » En avant, sans calculer le danger! Dieu protége » la France!

» Quartier général de St-Jean, le 1er décembre » 1870.

» D'AURELLE DE PALADINES. »

Cette proclamation fit tressaillir tous les cœurs, l'enthousiasme était immense.

Dans les bivouacs, sous la tente, partout, les troupes s'entretinrent de cette bonne nouvelle durant toute la nuit, supputant déjà le nombre de journées de marche qui nous séparaient de Paris. Le lendemain, de grand matin, le bruit courait que l'armée du général Ducrot était à Étampes : il ne fallait qu'un combat heureux et deux journées de marche, et nous allions nous donner la main.

VI

BATAILLE DE LOIGNY.

(2 décembre 1870).

Le 17e corps se porte en ligne. — Situation de l'armée à l'arrivée sur le champ de bataille. — Le 70e mobiles est chargé de protéger l'artillerie divisionnaire. — Le baptême du feu. — Le général de Sonis se porte au secours du 16e corps. — La 3e division du 17e corps se replie sur Patay. — L'incendie de Loigny. — L'armée de la Loire battue et divisée en deux. — La retraite. — Le général Chanzy et la deuxième armée de la Loire.

Le 2 décembre, à sept heures du matin, notre corps d'armée reprenait sa marche en avant pour se porter en ligne et former la gauche de l'armée de la Loire. La distance à parcourir était assez considérable ; aussi, les colonnes avaient l'ordre de marcher en toute diligence. Notre division s'était mise en marche la première, le reste du 17e corps suivait le mouvement.

A huit heures, quelques coups de canon retentirent dans la direction de Patay ; bientôt, les détonations se succédèrent rapidement, la bataille était engagée.

Le froid était vif, il avait fortement gelé pendant la nuit et le sol était durci et glissant; néanmoins, la marche était relativement facile à l'infanterie; mais l'artillerie et les convois éprouvaient plus de difficultés et retardaient le mouvement.

A onze heures et demie seulement, nous étions à la hauteur de Patay, et nous n'arrivions sur le théâtre de l'action qu'à trois heures et demie du soir.

Dès l'arrivée à Gommiers, le 70e mobiles reçut l'ordre de protéger l'artillerie divisionnaire et de la suivre dans tous ses mouvements.

A ce moment, la situation de l'armée française était très-critique : au centre, nos troupes avaient fléchi, l'armée était séparée en deux; devant nous, la 1re division du 16e corps, repoussée de Loigny jusqu'au château de Villepion, luttait héroïquement, tandis qu'à l'extrême gauche, une forte colonne prussienne (infanterie et cavalerie) prononçait un mouvement tournant très-accentué ; la bataille était perdue.

Le général de Sonis réunit à la hâte quelques bataillons et marcha sur Villepion au secours des troupes du 16e corps, tandis que l'artillerie que nous escortions allait s'établir à la hauteur et à gauche du village de Faverolles.

Il était quatre heures du soir : le mouvement tournant de l'ennemi devenait inquiétant et l'on suivait parfaitement de l'œil la marche menaçante de la colonne prussienne, lorsque nos batteries, ouvrant tout à coup leur feu, arrêtèrent les bataillons ennemis et les forcèrent à rétrograder jusqu'à la ferme de Chauvreux ; là, leur artillerie, prenant position, se mit de la partie et riposta vigoureusement à nos pièces.

Le commandant Fouilhade nous avait établis à vingt mètres en arrière de nos batteries, les trois bataillons en colonnes de pelotons serrés en masse, lorsque les obus prussiens destinés à nos artilleurs, se trompant d'adresse, vinrent s'abattre avec fracas dans nos rangs et provoquer un léger mouvement de désordre. Bien des têtes se tournèrent, regardant, sans nul doute, s'il y avait en arrière de l'espace pour courir, et si, à cet instant, quelques mobiles eussent pris la fuite, c'en était fait, une grande partie du régiment eût suivi.

L'attitude martiale du commandant Fouilhade, et celle non moins énergique des commandants Delgal et Guiraudies, nous en imposèrent. Contenus et rassurés par nos officiers, nous tînmes bon, personne ne broncha plus sous la mitraille.

Cette première impression venait de décider de notre conduite durant le reste de la campagne : désormais, nous étions de vrais soldats, nous venions de recevoir le baptême du feu.

La position que nous occupions dominait légèrement les terrains environnants et avait vue sur une grande partie du champ de bataille ; en avant de nous, nos troupes s'ébranlaient et marchaient sur Loigny pendant que notre artillerie contenait toujours les Prussiens à Chauvreux.

Bientôt le bruit de la bataille redoubla d'intensité. Le général de Sonis, le colonel de Charrette, à la tête de quelques troupes du 17e corps et des zouaves pontificaux, s'élancèrent sur les positions prussiennes de Villours, culbutant tout sur leur passage. En vain les Allemands opposaient la plus vive fusillade; en vain leur artillerie couvrait ces braves d'obus et de mitraille, rien ne résistait à leur élan impétueux. Le village de Loigny fut enlevé et dépassé; mais le terrain était jonché de morts et de blessés; le général de Sonis était vaillamment tombé, la cuisse brisée par un obus, et le colonel de Charrette gisait également au nombre des blessés.

Cependant, la nuit arrivait et, avec elle, le triste tableau des blessés qu'on emportait du champ de bataille; nos soldats décimés, sans chefs, cédèrent le terrain conquis et se replièrent sur nous; quelques compagnies se maintinrent néanmoins à Loigny et résistèrent à outrance; les Prussiens, après avoir cerné le village, durent y mettre le feu pour les forcer à se rendre.

A six heures du soir, nous nous repliâmes sur Gommiers, éclairés dans notre marche par les lueurs de nombreux incendies.

Sur divers points, des fermes et hameaux étaient en feu; le village de Loigny, incendié avec des obus à pétrole, brûlait entièrement. A travers les flammes et la fumée, apparaissait de temps en temps la silhouette du clocher de l'église, dressant dans les airs sa flèche élancée ; le spectacle était navrant.

Dans la nuit, notre division rétrograda jusqu'à Patay. Sans vivres depuis la veille et très fatigués, nous dûmes nous coucher dans les rues sans parvenir à trouver ni logement ni nourriture.

L'armée de la Loire venait d'être battue dans cette journée, et la perte de la bataille devait malheureusement décider du sort de la campagne, car le prince Frédéric-Charles allait unir ses efforts à ceux du grand duc de Mecklembourg (1). Le 17e corps, malgré sa diligence, n'avait pu arriver assez à temps pour prévenir ce désastre ; son chef avait payé de sa personne, les quelques troupes qui avaient combattu avaient fait leur devoir et, de ce côté, l'avantage nous était resté ; l'armée avait conservé ses positions.

Cependant les 16e et 17e corps, désorganisés, l'un par la lutte, l'autre par la marche de la journée, étaient incapables d'un effort sérieux pour opérer leur jonction avec le 15e. Dans ces conditions, la situation de l'armée était très-compromise ; le général en chef ordonna la retraite sur toute la ligne.

Le 3, vers 10 heures du matin, le cri : les

(1) Le prince Frédéric-Charles arrivait sur la Loire à la tête de la deuxième armée allemande (3e, 9e et 10 corps) ; bientôt il allait avoir cinq corps d'armée et quatre divisions de cavalerie sous ses ordres, les meilleures troupes de l'Allemagne.

Prussiens! retentissait tout à coup dans les rues de Patay. Nous reçumes l'ordre de nous déployer en avant de la ville, et quelques compagnies du régiment s'établirent dans les jardins et dans le cimetière, dont les murs d'enceinte avaient été crénelés. Peu à peu le tumulte s'apaisa, les craintes que l'on avait conçues, étaient prématurées, car des troupes françaises en nombre assez considérable se trouvaient entre Patay et l'ennemi; à midi, notre division commença son mouvement de retraite.

Le lendemain, le général en chef tentait de réunir ses forces trop disséminées, et prescrivait aux 16e et 17e corps de se rapprocher d'Orléans, mais toute tentative pour percer de ce côté restait inutile. Les deux armées allemandes avaient opéré leur concentration et une forte colonne, refoulant la droite du 16e corps, poussait jusqu'à la Loire; l'armée française était divisée en trois tronçons et les communications se trouvaient interrompues avec Orléans que les Prussiens occupèrent dans la nuit.

Pour prévenir un désastre inévitable, le général Chanzy, commandant les 16e et 17e corps, changea immédiatement les dispositions de retraite et prescrivit à ses troupes de se replier dans la direction de Beaugency et de Josnes.

Le 6 décembre, les 16e et 17e corps étaient établis en avant de Josnes sur les emplacements qui leur avaient été assignés; un nouveau corps, le 21e, gardait la forêt de Marchenoir. Ces forces réunies sous le commandement du général Chanzy, prenaient désormais la dénomination de *deuxième armée de la Loire* et étaient réparties de Beaugency à Poisly : le 16e corps à droite, le 17e au centre et le 21e formant l'aile gauche.

Le mouvement de retraite de notre division s'était effectué par Lignerolles, St-Péravy, St-Sigismond, Gémigny, le Grand-Lus, Baccon, Montigny-sur-Lorges et Prenay.

VII

Le 70e mobiles au point de vue militaire. — Scènes de la vie au camp. — L'armée prussienne descend la Loire.

Avant d'aller plus loin, il conviendrait peut-être de jeter un coup d'œil sur cette force improvisée surnommée 70e mobiles, pour donner une juste idée de ce que pouvait être le régiment au point de vue militaire.

Disons d'abord qu'en perdant le lieutenant-colonel Esportelle, le régiment avait beaucoup perdu.

En effet, le commandant Fouilhade, sous les ordres duquel le 70e mobiles se trouvait placé depuis le départ de Vendôme, était complétement insuffisant comme chef de corps. Cet officier supérieur, plein de zèle, de dévouement, de patriotisme, n'avait jamais servi et, malgré sa grande intelligence, il ne pouvait s'assimiler immédiatement des connaissances militaires qui ne s'acquièrent que par la pratique du métier ; il n'avait pas idée d'une infinité de petits détails qu'un chef de corps, seul, peut et doit prévoir et qui, dans leur ensemble, procurent au soldat en campagne le bien-être et la sécurité.

C'était une bien rude mission pour un chef que de diriger et de conduire au feu un régiment ayant un cadre inexpérimenté et un effectif à peine exercé ; la responsabilité était énorme ; il s'agissait d'une sollicitude et d'une surveillance de tous les instants. Une distribution manquée, un mouvement compromettant sur le champ de bataille (et le cas s'est produit), pouvaient avoir de graves conséquences ; mais passons.

Au point de vue tactique, le 70e mobiles était une lourde masse, difficilement maniable et manœuvrant très-mal dans les mouvements d'ensemble. Cela se conçoit d'autant mieux que le peu de temps consacré à notre instruction militaire, avait été, en grande partie, absorbé par la charge du fusil à percussion. Nous ne connaissions à peu près que les déploiements en tirailleurs par petites fractions. Quant aux manœuvres de bataillon, nous savions tout au plus rompre en colonne et nous former ensuite en bataille ; encore marchions-nous difficilement dans ces deux ordres. Toutefois, dans nos marches et contre-marches à travers les plaines immenses de la Beauce et de l'Orléanais, nous avions essayé quelquefois de ces mouvements que les terrains unis ou légèrement ondulés, vastes champs de manœuvres, nous avaient facilités.

La marche favorite et celle qui offrait le plus de mobilité était la marche par le flanc; mais, dans cet ordre, la colonne était interminable et nous ne pouvions manœuvrer ainsi sur le champ de bataille.

Enfin, et ce dernier point était cependant essentiel, nous n'avions même pas l'habitude de l'arme nouvelle et ne connaissions que très-imparfaitement les divers genres de feux ainsi que les règles de tir du fusil chassepot. Cependant c'est grâce à cette arme que nous devons surtout d'avoir fait aussi bonne contenance devant l'ennemi.

Si l'organisation et l'instruction militaires laissaient à désirer, en revanche, nous étions passés maîtres dans l'art du campement. Dès l'arrivée sur le terrain, ordinairement et c'était le plus souvent, le régiment se formait en ligne de bataillons à intervalles de vingt pas et en colonnes de pelotons serrés à demi-distance; chaque compagnie formait les faisceaux et dressait immédiatement ses tentes en arrière; en un clin d'œil, le camp était formé de cette façon et offrait beaucoup de régularité.

Aussitôt que les grand'gardes, la garde de police et les diverses corvées étaient désignés, un très-grand nombre de mobiles se répandaient dans la campagne et fouillaient le pays à trois ou quatre kilomètres à la ronde, tandis que quelques camarades terminaient l'installation du camp, construisant des fourneaux de cuisine et préparant la batterie de l'escouade. L'argent ne manquait pas et les excursionnistes rentraient bientôt au gîte, munis de provisions de toute espèce : pain, volailles, légumes, bidons de vin, etc.; chacun se mettait à l'œuvre, les feux étaient rapidement allumés; les uns veillaient à la soupe, les autres préparaient le *bistec* sur des charbons ardents, le *fristi* dans des couvercles de marmites, des marmelades de riz, de lard, de biscuit et de pommes de terre, que sais-je? toutes les inventions culinaires. Le baron Brisse, de gastronomique mémoire, eût certainement été déconcerté à la vue de tant de génie! Puis, venait le tour du café, pilé à coups de crosse de fusil et fait immédiatement après la soupe, sans grands frais de nettoyage de marmite.

En dix ou quinze minutes, tout était préparé et la vie était alors joyeusement menée, surtout quand la *pitance* abondait. Réunis autour des feux de cuisine, nous mangions, buvions, riant et devisant gaiement sur la situation qui nous faisait ressembler à des peuplades nomades; puis, c'étaient des jeux enfantins : des mobiles couraient, sautaient, gambadaient, se poursuivant comme de vrais écoliers; d'autres, *plus dignes,* jouaient aux cartes sous la tente, cherchant à se gagner réciproquement l'argent qu'ils possédaient.

Le camp, c'était le village, c'était le pays; les compagnons d'enfance, les camarades d'école se retrouvaient réunis comme au jour du jeune âge (1).

Quelquefois aussi, il fallait lever rapidement les tentes, renverser marmites et gamelles et abandonner la cuisine commencée; ce dernier coup paraissait toujours profondément cruel.

Durant les mouvements rapides et fatigants que nous venions d'exécuter, le régiment avait déjà perdu beaucoup de monde. Un assez grand nombre de mobiles, très-éprouvés par le froid et les fatigues de cette vie nomade, étaient tombés malades et avaient été évacués sur divers hôpitaux; d'autres, traînards ou mauvais marcheurs, avaient été pris par l'ennemi. Ces pertes, regrettables sans doute, avaient cependant épuré le régiment, et, loin de lui nuire, elles en augmentaient la solidité. Il ne restait désormais que des hommes robustes, pleins d'ardeur, de courage et de patriotisme.

Notre moral était excellent et il nous tardait vivement d'essayer nos chassepots.

Hélas! nous n'allions pas tarder à être cruellement éprouvés par le feu de l'ennemi, le froid, la faim, la misère et la défaite!.....

— Cependant, malgré leur succès d'Orléans, les Prussiens ne restaient pas inactifs. L'armée du grand-duc de Mecklembourg, croyant avoir bon marché des restes de l'armée de la Loire et lui

(1) Voilà un des excellents côtés de l'organisation de la garde mobile; cette réunion d'individus du même pays pouvait suppléer même avec avantage à ce que les militaires appellent *l'esprit de corps*. En outre, une défection sur le champ de bataille ne flétrissait pas tel ou tel numéro de régiment, mais bien un département tout entier.

porter le dernier coup, descendit la Loire à notre poursuite. Le 7 décembre, les deux armées étaient en présence et préludaient à la reprise sérieuse des hostilités par un combat d'avant-postes sur toute la ligne.

VIII

BATAILLE DE VILLORCEAU

(8 décembre 1870).

Le lieutenant-colonel Vigouroux. — La 3me division se porte sur Cravant. — Le 70e mobiles s'établit à la ferme de la Villesne. — Les premiers blessés du régiment. — Le 70e mobiles enlève à la baïonnette le village et le château de Layes. — Retour offensif de l'ennemi. — Le général Deflandre est mortellement frappé. — La retraite sur les positions premières. — Une ambulance.

Le 8 décembre, au point du jour, les troupes françaises étaient partout sous les armes en prévision d'une nouvelle attaque de l'ennemi signalé en forces sur tout le front de la deuxième armée de la Loire ; la 3e division du 17e corps quittait ses campements de Prenay et allait s'établir en ordre de bataille à la hauteur de Cernay.

Quatre compagnies du 70e mobiles qui avaient passé la nuit en grand'garde près du hameau de Villecoulon, occupaient cette position.

Un nouveau chef, le lieutenant-colonel Vigouroux, arrivé dans la nuit, était à la tête du 70e mobiles ; cet officier supérieur arrivait juste à point pour nous conduire au feu.

A huit heures du matin, les premiers coups de canon étaient tirés sur la gauche ; c'était le prélude. Bientôt l'action devenait générale, la bataille s'engageait sur toute la ligne.

La 3e division se porta sur Cravant et enleva ce village à l'ennemi ; mais bientôt, canonnée à la fois de front et sur son flanc gauche par une puissante artillerie, elle dut se replier et alla s'établir, sa gauche à la ferme de la Villette, sa droite sur la hauteur au nord-ouest de Cernay.

Notre régiment, habilement dirigé par son nouveau chef, venait d'exécuter, en ligne de colonnes de bataillon, divers mouvements avec beaucoup de précision. « Les hommes étaient calmes malgré un feu épouvantable, et, quand l'un d'eux tombait, les rangs se serraient sans commandement. Notre mouvement en avant nous avait fait franchir des terrains accidentés, et, de l'avis des chefs, le régiment n'avait jamais aussi bien manœuvré. Un officier demandait aux hommes pourquoi leurs mouvements étaient plus réguliers devant l'ennemi que sur le champ de manœuvre, et ceux-ci répondaient : « Nous manœuvrons mieux ici, parce que nous sentons qu'un mouvement mal exécuté pourrait compromettre notre peau (1). »

(1) Voir *Lettres sur la mobile du Lot*, p. 26.

A dix heures, le 70e mobiles se porta en avant et s'établit à la ferme de la Villesne. De ce côté, un combat avait déjà eu lieu le matin et les Prussiens, qui un instant avaient pris l'offensive, avaient été repoussés jusqu'à la route de Beaugency à Cravant par les mobiles de l'Orne formant l'extrême droite du 21e corps.

Le temps était neigeux et sombre; toutefois, on distinguait parfaitement les lignes ennemies : nous avions en présence la 22e division prussienne (1).

Dès l'arrivée à la Villesne, quelques compagnies du régiment reçurent l'ordre de se déployer en tirailleurs en avant du hameau. Accueillies par une vive fusillade, ces compagnies avaient à peine terminé leur mouvement de déploiement que déjà quelques mobiles gisaient à terre, frappés par les balles ennemies.

Le capitaine de Tulles, blessé grièvement dès les premiers coups, était emporté sans connaissance du champ de bataille : cette vue jetait un froid et nous impressionnait fortement lorsque quelques pièces, en batterie tout près de nous, ouvrirent leur feu sur les lignes prussiennes. Le bruit et la fumée du canon ranimèrent à l'instant nos courages.

Huit compagnies des 1er et 3e bataillons allèrent renforcer la chaîne des tirailleurs et commencè-

---

(1) 22e division d'infanterie prussienne : Lieutenant-général de Gersdorff.

43e brigade : 32e, 95e régiments d'infanterie.

44e brigade : 83e, 94e régiments d'infanterie.

rent pour la première fois une vigoureuse fusillade ; des troupes de ligne vinrent se mêler à la lutte ; l'ennemi recula et se retrancha dans les villages de Layes et de Beauvert, situés en face de nous.

A midi, le 70e mobiles était ainsi établi :

Au Nord-Est de la Villesne, deux compagnies du 1er bataillon occupaient la route, se reliant par leur gauche au 49e mobiles (Orne), qui formait l'extrême droite du 21e corps ; ces troupes avaient bien peu d'infanterie en leur présence, mais, en revanche, elles étaient violemment canonnées par deux batteries allemandes, en batterie sur le plateau de Beauvert. En arrière de la route, sur le prolongement de la ligne Montsouris la Villesne-Cernay, et séparé des deux compagnies de gauche par des troupes de ligne et des chasseurs à pied de la division, le 3e bataillon était placé en face de Layes. Un peu plus loin, à droite, se trouvaient les cinq compagnies du 1er bataillon. Le 2e bataillon ayant reçu mission le matin de protéger l'artillerie de réserve, était hors d'atteinte et ne devait pas être engagé de la journée, malgré l'impatience de son fougueux commandant.

A droite de la 3e division, la 2e occupait Cernay.

Devant nous, des détachements du 32e et du 95e prussiens occupaient Layes et Beauvert où ils s'étaient retranchés, n'osant se montrer à découvert, et en arrière de ces villages, entre Launay et Beauvert, on apercevait immobile, une forte colonne de cavalerie.

Les 94e et 83e régiments prussiens avec le 9e bataillon de chasseurs bavarois, défendaient Cravant.

Les forces de l'ennemi, légèrement inférieures en nombre, étaient appuyées par une artillerie formidable : du plateau de Beauvert à le Mée, les Allemands avaient en batterie 90 bouches à feu.

Le canon et la fusillade continuaient toujours avec plus d'intensité ; le terrain, complétement nu, n'offrait aucun abri, et nos compagnies de gauche étaient fort incommodées par les batteries de Beauvert. A leur tour, nos tirailleurs décimaient les canonniers prussiens et forçaient deux fois les batteries de changer de position ; mais nos chassepots *faisaient merveille* entre nos mains inexpérimentées et nos balles les atteignaient partout.

Tout à coup le bruit de la bataille redouble à notre droite et bientôt les 2e et 3e divisions reçoivent l'ordre de se porter en avant.

Il est une heure et demie environ.

A ce moment, l'enthousiasme devient général. Notre artillerie, préparant l'attaque, tire avec acharnement sur les batteries prussiennes qui ripostent avec vigueur ; les projectiles amis et ennemis se croisent au-dessus de nos têtes, forment comme une voûte de mitraille et déchirent l'air de leurs sifflements ; la fumée s'élève au ciel en tourbillons épais. On pressent que la lutte va devenir plus acharnée, mais la confiance est dans tous les cœurs.

L'odeur de la poudre, les bruits du combat, le

spectacle grandiose du champ de bataille grisent et donnent de l'entrain. Les obus passent en sifflant; plus de respect, personne ne salue. Désormais nous ne sommes plus de jeunes soldats timides au feu, mais bien des vétérans animés par le combat et par la haine de l'envahisseur.

Sur l'ordre du général Deflandre, les troupes s'ébranlent. Le 3e bataillon, colonel en tête, se porte sur Layes pour attaquer le village par la droite, pendant que le 46e de marche l'aborde de front; ce mouvement, admirablement conduit, s'exécute avec infiniment d'entrain. Nos mobiles entrent les premiers dans le village, s'en emparent à la baïonnette et sont bientôt rejoints par les troupes du 46e de marche.

Les défenseurs de Layes s'enfuient de toutes parts; quelques-uns sont surpris dans les maisons et faits prisonniers.

Dès l'arrivée au village, le commandant Delgal donne l'ordre de le contourner entièrement par la droite pour couper la retraite à l'ennemi, et il se porte lui-même de ce côté avec quelques mobiles qu'il a sous la main; mais un ordre contraire vient masser une partie du bataillon derrière un groupe de maisons et un grand nombre de mobiles sont déjà en train de fouiller le village. Le commandant Delgal, suivi seulement d'une section commandée par le capitaine Devic, continue son mouvement, marche sur le château de Layes dont il s'empare après un vif combat; quarante prisonniers environ sont en notre pouvoir.

Pendant l'attaque, les deux compagnies de gauche et quelques compagnies de ligne maintenaient l'ennemi de ce côté ; un instant, la cavalerie s'était avancée et avait fait craindre une charge de cette arme que le terrain, couvert de vignes, n'avait pas facilitée. A droite, les cinq compagnies du 1er bataillon qui s'étaient portées en avant en même temps que le 3e, avaient reçu l'ordre de ne pas continuer leur mouvement et de surveiller attentivement le village de Cravant ; ces compagnies avaient engagé une vigoureuse fusillade avec des forces ennemies qui menaçaient les derrières du 3e bataillon.

A la nouvelle de la prise de Layes, le général Deflandre était accouru à cheval pour se rendre compte de l'importance du succès. Toutefois, aucune précaution n'avait été prise en vue d'un retour offensif ; mobiles et soldats étaient massés dans les petites rues ou parcouraient à leur guise les maisons.

Cependant, vers trois heures du soir, la 2e division du 17e corps, qui vient de se porter sur Cravant, échoue dans sa tentative et se replie sur Cernay ; à gauche, les Allemands, restés maîtres de Beauvert, reçoivent des renforts sur ce point et s'établissent également dans un petit bois au Nord de Layes ; dès lors, le 3e bataillon et les troupes du 46e de marche, trop en flèche, vont se trouver dans une situation très-critique.

Soudain des balles pleuvent de tous côtés.

Une colonne sort de Cravant et s'avance par la

route pour couper la retraite à nos troupes ; mais de ce côté, le commandant Guiraudies voit immédiatement le danger, il se porte résolument en avant avec ses cinq compagnies et, secondé par des troupes de ligne, il fait face à l'ennemi qu'il contient.

Dans Layes, les chefs se consultent sur le parti à prendre pour résister à cette attaque multiple. Le général Deflandre examine attentivement le terrain, mais sa décision n'est pas immédiate, et pendant ce court espace de temps, la fusillade se rapproche et fait des victimes ; déjà le lieutenant-colonel Vigouroux, le capitaine Lallemand, le lieutenant Maury et un certain nombre de mobiles et soldats sont frappés, lorsque le général, très dangereusement blessé lui-même, donne le signal de la retraite (1).

---

(1) Les Allemands ont rendu hommage à la bravoure des jeunes troupes françaises dans les journées de Josnes. A ce sujet, l'historien Rustow s'exprime ainsi : « Les Allemands » l'emportaient par la constitution et la mobilité de leurs » corps d'armée; les légions françaises improvisées allaient » bravement au feu, mais elles ne tardaient pas à reconnaître » que leur bravoure était impuissante contre une direction » plus habile et contre la cohésion de leurs adversaires.

» Les commandants, quelque actifs qu'ils fussent, ne pouvaient tenir leurs bataillons dans la main, et, quand ceux-» ci étaient en désordre, ils ordonnaient la retraite, en s'ap-» pliquant de toutes leurs forces à la faire dans le meilleur » ordre possible.

» D'autre part, les Allemands avaient l'occasion de consta-» ter la bravoure de ces troupes improvisées, et particulière-» ment les efforts de leur artillerie, aussi mal attelée que pos-» sible. »

Dispersés dans le village, mobiles et soldats ne peuvent être ralliés et se replient individuellement, s'abritant de leur mieux; d'ailleurs, le temps presse; de tous côtés, l'ennemi en forces cherche à envelopper nos mobiles.

Obligés de franchir un espace de huit cents mètres environ sous la fusillade et dans des vignes où de nombreux obstacles entravent la marche, nos soldats se groupent forcément et sont décimés. Les Prussiens reprennent Layes et continuent la poursuite. Nos mobiles, engagés dans la dépression de terrain entre la Villesne et la hauteur au sud-est, précipitent leur mouvement de retraite, malgré les efforts du commandant Delgal pour les contenir. Tout à coup on entend le grincement bien connu de nos mitrailleuses, les coups se succèdent rapidement, les compagnies du commandant Guiraudies et les troupes de ligne redoublent leur fusillade et les Prussiens, criblés de mitraille, doivent à leur tour rétrogader promptement sur Layes et sur Cravant sous un feu des plus meurtriers qui leur occasionne des pertes énormes.

A quatre heures, le 3e bataillon est en sûreté, mais ses compagnies, dans le plus grand désordre, parviennent difficilement à se reconstituer.

Un moment après, la 2e division abandonne Cernay, laissant une trouée considérable entre la 1re division qui dispute vivement le terrain à Villechaumont et la 3e à la Villesne; l'ennemi tente sur nous un dernier effort; ses escadrons se montrent de nouveau, prêts à charger, sur le plateau de

Beauvert; mais nos mitrailleuses recommencent leurs sinistres grincements, et la fusillade et la canonnade reprennent avec plus d'intensité : les Prussiens repoussés abandonnent le champ de bataille et se replient en arrière de Layes et de Beauvert.

Bientôt le feu se ralentit de part et d'autre; de rares coups de canon sont encore échangés, puis le silence le plus complet succède au bruit de la bataille. La nuit vient de mettre fin au combat; c'est le moment le plus pénible : des morts, des mourants, des blessés, tel est le douloureux tableau qui s'offre aux regards.

En arrière de Villecoulon, une ambulance, établie dans une ferme, regorge de blessés. Nos malheureux camarades sont là, étendus sur la paille et souffrant atrocement; quelques blessures sont horribles. Deux docteurs leur prodiguent leurs soins; mais, malgré leur dévouement, malgré leur diligence, ils ne peuvent suffire à leur rude besogne, et il arrive toujours de nouveaux blessés. De tous côtés des cris de douleur : « A moi plus tôt, docteur, je meurs! Ah! ma pauvre mère! Mon Dieu! Aïe! » Des plaintes, des gémissements; de temps en temps l'un d'entr'eux rend le dernier soupir et est immédiatement emporté au dehors : ce spectacle est navrant!

......A six heures du soir, nous fûmes remplacés sur nos positions par des troupes du 21e corps qui avaient l'ordre d'appuyer plus à droite, et nous allâmes reprendre notre campement de Cernay.

IX

JOSNES. — TROISIÈME JOURNÉE

(9 décembre 1870.)

Résultats de la journée du 8. — Nos pertes et celles de l'ennemi. — Le 1er bataillon canonné à Cernay. — Le 70e mobiles défend le village d'Ourcelle. — Les Allemands s'emparent de Villejouan et d'Origny. — Le 1er bataillon à Josnes. — Visite à M. Gambetta. — Le ministre de la guerre adresse des félicitations au 70e mobiles. — Résultats de la journée. — Le 70e mobiles réoccupe Ourcelle.

A part quelques défaillances à l'extrême droite dans la direction de Beaugency, la deuxième armée de la Loire avait partout conservé ses positions; une seconde bataille était inévitable.

« La victoire de notre côté avait été chèrement » achetée. Le général Deflandre, commandant la » 3e division du 17e corps, avait été mortellement » blessé (1). » Les pertes du 70e mobiles s'élevaient à deux cent cinquante hommes tués, blessés ou dispersés; le lieutenant-colonel Vigouroux, l'aumônier du régiment et un certain nombre de mobiles blessés, étaient tombés au pouvoir de l'ennemi, lors de la reprise de Layes.

(1) A. Le Faure. *Histoire de la guerre franco-allemande*, p. 218.

Toutefois, si nos pertes étaient considérables, de son côté l'ennemi avait beaucoup souffert du feu de nos tirailleurs et de nos mitrailleuses ; le terrain était couvert de ses morts et de ses blessés (1).

Malgré nos cruelles épreuves, le camp reprit dans la soirée son animation accoutumée. A la guerre, un bon feu, du repos et surtout quelque nourriture, soulagent rapidement le moral comme le physique. Le lendemain, nous étions de nouveau devant l'ennemi, nous ressentant fort peu des vives émotions de la veille.

A huit heures du matin, le 1er bataillon, adossé au village de Cernay, complétait son approvisionnement en munitions. En avant du village, on ne distinguait aucun mouvement de troupes ennemies et les compagnies, resserrées dans un espace très-restreint, procédaient à la distribution des cartouches, lorsque quelques obus, habilement pointés, vinrent tomber au milieu de cette masse compacte, foudroyant l'attelage d'un des caissons de munitions. La position n'était pas tenable ; nous nous repliâmes promptement et fûmes reprendre à distance notre opération brusquement interrompue.

Bientôt l'ennemi montra ses têtes de colonnes ; à ce moment la 2e division du 17e corps s'établissait à Cernay et la nôtre à Ourcelle.

---

(1) Général Chanzy. *La deuxième armée de la Loire*, p. 128.

Nos batteries ouvrirent leur feu, l'infanterie ne tarda pas à se mêler à la lutte du côté de Cernay; la bataille recommençait.

A midi, nos positions d'Ourcelle n'avaient pas été sérieusement attaquées; l'ennemi s'était borné à nous canonner vigoureusement et s'était porté en forces considérables sur Cernay qu'il avait enlevé à la 2e division. Ces troupes, repoussées par la 22e division prussienne, s'étaient repliées sur Villejouan en passant devant notre front ; dès lors nous allions recevoir le choc.

Les deux premiers bataillons du 70e mobiles avaient pour mission de défendre Ourcelle et s'étaient établis à droite et à gauche du village, que deux compagnies, postées dans les maisons, ayant vue sur le champ de bataille, occupaient solidement.

L'artillerie allemande, en batterie à l'ouest de Villechaumont, commença l'attaque ; bientôt l'infanterie s'avança sur nous. Mais partout nos bataillons font bonne contenance, les tirailleurs et les mobiles, retranchés dans les maisons, foudroient de leur fusillade les fantassins allemands et arrêtent leur marche, tandis que nos batteries, en position à l'est d'Ourcelle, dirigent leur feu sur l'artillerie ennemie et la criblent de projectiles. Vainement les Prussiens essaient de se porter en avant à diverses reprises, ils sont toujours repoussés, et notre artillerie démonte et réduit au silence la batterie de Villechaumont.

A trois heures et demie, la 22e division prussienne, abandonnant l'attaque d'Ourcelle, se porte sur Villejouan et s'en empare. La 2e division du 17e corps est refoulée jusqu'à Origny, et, à la nuit, deux bataillons du 95e et un du 32e prussiens (1) marchent sur ce dernier village et culbutent violemment le 51e de marche qui s'enfuit en désordre sur Josnes où la 2e division l'a déjà précédé.

Ces faits venaient de se passer à quatre cents mètres à droite du 1er bataillon. Le commandant Guiraudies fit aussitôt diriger de ce côté quelques feux d'ensemble; mais la nuit arrivait rapidement; les objets devenaient confus et l'on ne pouvait se rendre un compte exact de la situation.

Le combat était terminé, nous conservions nos positions.

Dans cette affaire, nos pertes avaient été peu sensibles, nous avions constamment tenu à distance l'infanterie prussienne et nous avions peu souffert de son feu; toutefois, les deux premiers bataillons avaient une soixantaine d'hommes hors de combat; le troisième, placé en réserve en arrière de la seconde ligne, n'avait éprouvé aucune perte.

Le commandant Fouilhade, qui, depuis le matin, avait repris la direction du régiment, s'était montré on ne peut plus énergique. Durant l'action, il accourait à cheval au plus fort du danger; sa mâle attitude nous en imposait tellement que nous

(1) Von Wittich. *Aus meinem Tagebuche. Cassel*, 1870 — 71.

nous serions fait hacher plutôt que de céder un pouce de terrain. De son côté, le commandant Guiraudies, non moins brave au feu, avait admirablement dirigé son bataillon. Aussi, ses réserves, habilement dissimulées derrière des replis de terrain, et changeant fréquemment de position, avaient peu souffert.

A six heures du soir, nous abandonnâmes Ourcelle pour rentrer au camp de Prenay.

Durant ce mouvement, exécuté au milieu de l'obscurité la plus complète, cinq compagnies du 1er bataillon s'égarèrent dans leur marche et parvinrent à Josnes où le ministre de la guerre, M. Léon Gambetta, venait d'arriver.

Dès que cette nouvelle fut connue, les officiers du 1er bataillon déléguèrent immédiatement le commandant Guiraudies, son condisciple, pour lui faire une visite au nom des mobiles du Lot.

L'accueil fait au commandant fut on ne peut plus cordial. Le ministre connaissait déjà la belle conduite de ses compatriotes, dans les batailles du 8 et du 9; aussi, il chargea le commandant Guiraudies d'adresser, en son nom, des félicitations au régiment.

Ainsi que la veille, la 2e armée avait vaillamment soutenu le choc et conservé sa ligne de bataille. Toutefois, les Prussiens avaient pu s'emparer d'Origny et, comme le général en chef attachait une très-grande importance à la conservation de ce village, il donna l'ordre de le reprendre à *tout prix* avant le jour (1). La 2e division du 17e corps qui l'avait abandonné, fut désignée pour cette opération ; mais ce périlleux honneur devait nous revenir tout entier et *exclusivement* (2).

A peine arrivé au camp de Prenay, le régiment recevait l'ordre de réoccuper immédiatement le village d'Ourcelle. Le 1er bataillon, prévenu de ce mouvement par un officier d'ordonnance, quitta Josnes aussitôt et, à onze heures du soir, tout le régiment était solidement établi à Ourcelle, se couvrant par six compagnies de grand'gardes.

---

(1) «..... Dès qu'il put se rendre compte de cet incident, qui » pouvait avoir, pour la sûreté de l'armée, les plus graves » conséquences, si l'ennemi comprenait bien l'avantage qu'il » pouvait en tirer, le commandant en chef donna l'ordre au » général Guépratte de reprendre Origny avant le jour, *quels* » *que dussent être les efforts à faire*. Cette opération que la » lassitude des troupes retarda forcément, fut exécutée à six » heures du matin, et avec un plein succès, par la 2e division, » qui répara ainsi sa faute de la veille. Du reste, les Prussiens, » surpris dans le village, n'eurent pas le temps de se défendre » sérieusement et laissèrent entre nos mains, en l'évacuant, » deux cents prisonniers, parmi lesquels plusieurs officiers » et un chef de bataillon. » (*La 2e armée de la Loire*, p. 141.)

(2) Dans son livre, le général Chanzy fait reprendre à tort le village d'Origny par les troupes de la 2e division du 17e corps. Sur une demande de rectification que lui adressa, en 1872, le lieutenant-colonel Delgal, il a bien voulu ajouter depuis aux *errata* des nouvelles éditions de son livre : « *Le 70e* » *mobiles du Lot prit part à cette affaire et s'y distingua.* » Ces simples mots ne sont peut-être pas suffisants pour indiquer la part glorieuse prise ce jour-là par les mobiles du Lot aux rudes travaux de la 2e armée.

X

JOSNES. — Quatrième journée.
(10 décembre 1870.)

Situation critique de nos avant-postes. — Le 70e mobiles enlève Origny et fait deux cents prisonniers. — Episode tragique du combat. — Les prisonniers. — Scènes. — Attaque de Villejouan. — Mort du commandant Fouilhade. — Prise de Villejouan. — La 3e division se porte en avant et refoule les Bavarois. — Retour offensif de l'ennemi. — Combat d'Ourcelle. — Nos pertes. — Derniers adieux.

Le village d'Origny et celui d'Ourcelle, distants de six cents mètres l'un de l'autre, sont situés tous deux sur une petite éminence.

Entre ces villages, nos avant-postes étaient presque mêlés à ceux des Prussiens ; nous étions tellement rapprochés, que les sentinelles avancées des deux partis s'apercevaient distinctement malgré l'obscurité, s'interpellant parfois, les unes par leur *werdad?* les autres par le : *halte-là !* Le tout suivi des grands arguments, les coups de fusil.

Vers trois heures du matin, un bataillon de chasseurs à pied tenta de s'emparer du village ; reçu par une vive fusillade, et ignorant la force de l'ennemi, il regagna son cantonnement, attendant le jour pour renouveler son attaque.

A cinq heures du matin, un capitaine d'état-major apportait au 70e mobiles l'ordre d'attaquer par l'ouest le village d'Origny, pendant que des troupes de ligne de la 2e division devaient l'attaquer au Sud et à l'Est. Ces dernières troupes avaient déjà essayé d'enlever le village à la faveur de la nuit et n'avaient pas réussi.

Le commandant Guiraudies était désigné pour conduire l'attaque, mais le commandant Fouilhade argua de son titre de chef du régiment pour marcher lui-même à l'ennemi.

Une discussion à ce sujet s'engagea entre les deux chefs, tous deux voulant garder pour soi l'honneur de commander le poste le plus dangereux. Le commandant Guiraudies dut céder, et le commandant Fouilhade prit immédiatement ses dispositions et s'occupa de rassembler les troupes qu'il devait conduire à l'assaut. Pendant ce temps, les Allemands, repliant tous leurs petits postes, se retranchèrent dans Origny et, au point du jour, ils commencèrent sur nos grand'gardes une vive fusillade.

Invisibles derrière les murs crénelés, abrités par des barricades improvisées à la hâte avec des charrettes, des barriques, des fagots, et tirant à une distance très-rapprochée, ils inquiétaient sérieusement nos grand'gardes ; la position allait devenir intenable lorsque, sans attendre des renforts, les chefs des trois compagnies en grand'garde à l'ouest du village, résolurent de marcher immédiatement à l'ennemi et formèrent aussitôt une seule colonne d'attaque.

Au commandement des chefs, la colonne se porta en avant. Malgré la plus vive fusillade, les mobiles avançaient toujours en se couvrant autant que possible des accidents du sol, tantôt rampant, se couchant, puis reprenant tout à coup leur course. Arrivés à cent mètres environ du village, l'ennemi redoubla son feu ; de notre côté, le capitaine de Bellefond s'écria le premier : « En avant ! à la baïonnette ! »

Ce cri de guerre, éminemment national, le *Montjoye* et *Saint-Denis* de la vieille France, fut à l'instant frénétiquement répété par toutes les poitrines. Un frisson patriotique, le feu sacré, parcourut les rangs ; tous les visages s'illuminèrent rayonnants de colère et de fierté ; on vola à l'ennemi essuyant encore quelques décharges : ce fut un éclair et ce fut tout. Origny était à nous.

Les capitaines de Bellefond et Bru pénétraient les premiers dans le village à la tête de leurs compagnies, pendant que quelques compagnies du 2e bataillon, déployées au Nord-Est d'Ourcelle, accouraient au pas gymnastique et contournaient par le nord le village d'Origny ; dès lors, les Allemands étaient entièrement cernés, un bien petit nombre parvenait à s'échapper et gagnait Villejouan.

Ces divers mouvements, exécutés sans dispositions arrêtées à l'avance, venaient de réussir admirablement ! (1)

(1) Des troupes de ligne, arrivant du côté de l'est, trouvèrent le village en notre pouvoir et, pour nous laisser tout

Les Prussiens, surpris par l'impétuosité de cette attaque, étonnés de tant d'audace, voyant briller devant leurs poitrines ces baïonnettes françaises, menaçantes; terribles, entendant les clameurs des mobiles qui s'élevaient majestueusement dans les airs, jetaient leurs armes, et les assaillants qui avaient subi leurs meurtrières décharges, couchant nombre de braves dans les sillons, se trouvaient en présence d'un ennemi qu'ils ne pouvaient frapper. Il était désarmé.

Interdits, tremblants, en proie à la plus vive terreur, les défenseurs d'Origny pleuraient, demandaient grâce ou se réfugiaient dans les maisons ou ils se cachaient dans les caves, les greniers à fourrage, se dissimulant partout.

Nous nous répandîmes rapidement dans le village, pénétrant, la baïonnette menaçante, dans les habitations que nous fouillâmes minutieusement. Les habitants s'étaient enfuis la veille au soir; un seul, un vieillard, cloué au lit par l'âge et les infirmités, n'avait pu quitter le village et avait été abandonné; le pauvre homme, vivement ému, nous raconta qu'il n'avait point été maltraité, les Prussiens lui avaient même donné à manger, contrairement à leurs habitudes peu humanitaires.

Cependant quelques récalcitrants faisaient encore des difficultés pour se rendre et, pendant

l'honneur de cette prise, leurs chefs, par un sentiment de délicatesse, défendirent à leurs hommes d'y pénétrer pour rechercher des prisonniers.

que nous recherchions les prisonniers, il se passa une scène tragique qui mérite d'être rapportée.

La fusillade avait cessé, nous étions entièrement maîtres d'Origny.

Quelques mobiles s'avançaient confiants dans une petite rue; en tête de ce groupe, marchaient côte à côte deux mobiles, deux frères (1).

Tout à coup un Prussien, blotti dans une étable, paraît sur le seuil de la porte, couche en joue l'un des deux frères, fait feu presque à bout portant et l'étend roide mort.

On peut juger de la douleur du pauvre survivant : désolé, furieux, fou de désespoir, il se précipite sur le meurtrier et lui porte plusieurs coups de baïonnette dans la poitrine.

Le Prussien s'affaisse et tombe inanimé, le sang coule à flots de ses blessures; mais le malheureux frère à soif de vengeance; il s'acharne sur son ennemi terrassé, le frappe encore à coups redoublés et piétine ensuite son cadavre.

....

Au bruit de la fusillade, le commandant Fouilhade était accouru au combat à la tête des forces qu'il avait désignées pour l'attaque; mais ce renfort était inutile et, à son arrivée à Origny, près de deux cents prisonniers, dont plusieurs officiers et un chef de bataillon, étaient en notre pouvoir.

Ces troupes appartenaient, en grande partie, au

(1) Les deux frères Course, de la 3e compagnie du 1er bataillon.

32e régiment d'infanterie prussienne.

A cette vue, depuis les mobiles jusqu'aux chefs, l'enthousiasme fut immense. Le commandant Fouilhade ne pouvait contenir son émotion ; il allait, venait, courant d'un bout à l'autre du village, donnant des ordres et les rapportant aussitôt, adressant à tous des félicitations, haranguant les groupes et leur recommandant le respect aux vaincus, que sais-je ? Ce succès le grisait.

Pendant un instant, on ne songea ni aux braves tombés dans la charge, ni à l'ennemi qui pouvait revenir en forces.

Des groupes se formaient, les prisonniers étaient entourés, questionnés et surtout débarrassés de leurs armes ainsi que du tabac dont ils étaient abondamment pourvus. Quelques mobiles, sans trop savoir pourquoi, criaient : *Capout !* aux prisonniers qui, peu rassurés, pleuraient à chaudes larmes ; puis ils s'efforçaient de leur faire comprendre que nous ne voulions pas leur faire du mal, et cette mimique donnait lieu à des scènes désopilantes. Ici, un mobile, dans sa magnanimité, offrait à boire aux prisonniers, et sur leur refus, craignant sans doute que ce fût quelque breuvage mortel, il les y contraignait ; là, quelques mobiles fouillaient les sacs des Allemands ; de vrais magasins contenant toutes sortes de bibelots : chaussures d'enfant, bonnets de femme, robes, châles, chemises, etc., une foule d'objets pillés et volés, la plupart sans grande valeur et d'un usage féminin ; plus loin, un autre moblot, curieux de savoir si les forces que nous avions devant nous étaient nombreuses, adressait des questions à ce sujet à un *casque pointu,* une vraie tête de prussien impossible, qui s'obstinait à lui répondre invariablement : « Nix pas preuschien. » Ce que voyant, notre homme, saisi d'une idée lumineuse, se mit à lui parler le patois du Quercy, lui renouvelant ses précédentes questions ; pour le coup, l'Allemand, ahuri, ne put trouver, même en sa langue, un seul mot à répondre.

Outre les prises des compagnies, qui consistaient en plusieurs chevaux appartenant à des officiers prussiens, chacun se constitua un petit trophée : casques à paratonnerre, sabres coupe-choux, grosses pipes allemandes en porcelaine, etc.

Les prisonniers, placés sous bonne escorte, furent conduits au quartier général à Josnes.

Il était huit heures du matin, les 2e et 3e divisions accouraient prendre leurs positions de combat, le choc allait recommencer entre les deux armées.

Nous n'avions plus qu'à nous maintenir à Ourcelle et à Origny et attendre des ordres. L'ennemi, retranché dans Villejouan, recommença bientôt la fusillade ; c'en fut assez.

La prise d'Origny avait égaré la tête du pauvre commandant Fouilhade ; aussi, sans essayer de remettre un peu d'ordre dans sa colonne, il résolut de marcher de nouveau à l'ennemi. A ce moment, sa mâle physionomie reflétait ce je ne sais quoi d'inspiré et de sublime, qui entraîne malgré soi : l'exaltation et la confiance qui, à la guerre, sont le propre du soldat français.

Le commandant se dressa sur ses étriers, braqua sa lorgnette, examinant un instant les positions prussiennes ; puis, l'œil en feu, agité d'un frémissement convulsif, respirant le combat, il prononça quelques paroles et n'eut pas beaucoup de peine à communiquer sa flamme à ses soldats.

Tout à coup, mettant l'épée à la main, il s'écria à plus de vingt reprises : « En avant ! » piqua son cheval et s'élança vers les lignes prussiennes, convaincu que désormais rien ne devait résister à la bravoure de ses mobiles.

Entraînées par son exemple, 8 compagnies environ se précipitent à sa suite avec un enthousiasme immense mais aussi dans le plus grand désordre.

Le village de Villejouan est l'objectif du commandant Fouilhade ; c'est vers ce point qu'il nous conduit.

Cette attaque, exécutée sans ordres, n'avait pas été prévue et allait entraîner un mouvement général : elle aurait dû être préparée par de l'artillerie.

Dès nos premiers pas, les Prussiens, solidement établis dans les maisons, couverts par des barricades, retranchements, murs de clôture et autres obstacles, nous foudroient de leur fusillade pendant que leur puissante artillerie, en batterie à Villorceau, nous crible de projectiles.

De notre côté, nous répondons de notre mieux tout en marchant, mais nous attaquons le village de face, sans ordre, sans méthode ; pas un arbre, pas un repli de terrain pour nous couvrir ; par malencontre, nos pièces gardent le silence, et cependant la colonne avance toujours.

Officiers de tout grade sont au premier rang, se prodiguant avec beaucoup d'élan. Le commandant Fouilhade se porte partout où il juge sa présence nécessaire pour ranimer notre ardeur ; mais bientôt il devient le point de mire des tirailleurs ennemis, et leurs balles, répandant la mort, font un vide affreux autour de lui.

Calme au milieu de cet ouragan de fer et de feu, sa voix domine le bruit de la mitraille ; déjà nous arrivons à trois cents mètres du village ; mais là, reçus tout à coup par un redoublement de fusillade, nos tirailleurs s'arrêtent et reculent.

En avant ! s'écrie aussitôt le commandant Fouilhade, et il donne lui-même l'exemple ; en avant ! répètent les officiers.

A la voix des chefs, la colonne reprend sa marche, laissant derrière elle le sol jonché de cadavres et de blessés.

Bientôt le commandant est atteint de deux coups de feu, l'un à la cuisse, l'autre à la poitrine. Malgré ses blessures, il continue à se porter en avant ; mais ses forces le trahissent ; il chancelle et va tomber de cheval lorsque une nouvelle balle le frappe à la tête et l'étend roide mort (1).

Les deux frères Bouygues, officiers du 2e bataillon, tombent à ses côtés, très-dangereusement blessés; le lieutenant Guyot est mortellement frappé; le capitaine Ischer, le lieutenant Rougié sont mis hors de combat.

Le découragement est profond; il y a de l'hésitation dans la colonne, les tirailleurs et les réserves s'arrêtent indécis. Mais le lieu n'est guère propice pour se recueillir; la faute commise est irréparable; nous sommes trop rapprochés, et mieux vaut encore marcher résolûment à l'ennemi que périr jusqu'au dernier en battant en retraite.

A ce moment, des cris retentissent en arrière, notre canon se fait entendre, nous sommes secourus.

Le colonel américain Burr-Porter (2), chef d'état-major de la division depuis le matin, accourt à bride abattue, passe au galop sous la mitraille et nous annonce l'arrivée immédiate du colonel de Jouffroy à la tête de la division.

(1) Jeune encore, de taille élevée, brave, l'œil vif, grande moustache, physionomie martiale, pétillant d'esprit et brillant causeur, tel était le commandant Fouilhade.

Nature chevaleresque et impétueuse, brave jusqu'à l'excès, sa témérité et son inexpérience des choses de la guerre lui coûtèrent la vie. Il s'était conduit en héros et mourait en brave.

(2) Le colonel Burr-Porter était accouru d'Amérique pour offrir ses services à la France; blessé mortellement en donnant l'exemple du plus grand courage, il expira dans la nuit.

« Allons, les mobiles ! s'écrie-t-il, il faut venger votre commandant, en avant et vive la France ! »

Il dit et se porte immédiatement à gauche pour guider la tête de la colonne de la 3e division ; bientôt après, un obus vient le frapper mortellement.

Cependant, la marche en avant de la division et l'appui de notre artillerie, établie à droite d'Origny, produisent une heureuse diversion ; quelques obus, habilement pointés par dessus nos têtes, sur le village de Villejouan, jettent un instant le trouble parmi ses défenseurs.

« En avant ! » s'écrient les chefs aussitôt. « En avant ! » répétons-nous tous ; et, d'un élan impétueux, nous abordons Villejouan et enlevons à la baïonnette les premiers retranchements de l'ennemi. Des troupes de ligne viennent nous renforcer.

La lutte est vive.

Deux bataillons du 95e et deux compagnies du 32e défendent le village. Ces troupes, ayant leur échec du matin à réparer, assurées de leurs derrières et certaines d'avoir du renfort, car les Bavarois accourent en toute hâte, combattent énergiquement. Forcées de céder partout, elles reculent pas à pas, on se fusille presque à bout portant ; mais de toutes parts nous marchons bravement à la baïonnette, et les Prussiens, culbutés par notre brusque attaque, abandonnent enfin le village, laissant entre nos mains leurs morts, de nombreux blessés et quarante-six prisonniers.

Deux compagnies s'élancent à leur poursuite, les reconduisent vivement et s'emparent encore des tranchées établies au nord de Villejouan. C'est le dernier effort des mobiles du commandant Fouilhade.

Il est environ onze heures, déjà nos pertes sont énormes.

Décimées, sans chef, incapables d'un nouvel effort, les compagnies qui viennent de prendre part à l'attaque d'Origny et de Villejouan se débandent et se dispersent ; les unes passent à droite à la 1re division du 17e corps et prennent place à côté de nos compatriotes, les mobiles du Lot-et-Garonne ; les autres se replient sur Origny ou rallient à Ourcelle le reste du régiment, aux ordres des commandants Delgal et Guiraudiès ; il ne reste que bien peu de monde à Villejouan.

Désormais, point d'unité dans le commandement, chacun combattra pour soi.

Cependant les succès d'Origny et de Villejouan ont stimulé les troupes en arrière. Le 51e de marche accourt à Villejouan et s'y établit, tandis qu'à gauche, la 3e division, vivement enlevée par le colonel de Jouffroy, dépasse le village et rencontre bientôt les Bavarois qu'elle refoule de toutes parts, s'avançant jusqu'au moulin entre Cernay et Villechaumont.

A ce moment, la vigueur et l'entrain déployés par nos soldats sont immenses ; le commandant en chef, craignant que ces troupes ne se laissent entraîner par leur ardeur en dehors des lignes, compromettant par là l'armée tout entière, donne l'ordre de rétrograder et de se borner à se maintenir sur les positions premières (1).

Ce mouvement s'exécute lentement et dans le plus grand ordre, malgré un feu épouvantable d'artillerie.

A trois heures et demie du soir, les Prussiens reprennent Villejouan au 51e de marche, qui se replie sur Origny vivement poursuivi, et se présentent égalément devant Ourcelle. Mais nos réserves sont là ; les commandants Delgal et Guiraudies déploient leurs compagnies et l'ennemi est contenu.

Vainement l'artillerie prussienne redouble ses coups et nous crible de projectiles, nos tirailleurs se maintiennent sans broncher. La mort fait de nouveaux ravages dans les rangs, de nombreux blessés tombent encore ; le commandant Guiraudies, le lieutenant Moussié, sont contusionnés par un éclat d'obus, le ~~commandant~~ Fouilhade est grièvement blessé, le capitaine Ayot tombe mortellement frappé ; il n'importe, nous ne céderons pas le terrain, nous n'abandonnerons pas nos positions.

Il n'en est pas ainsi à notre droite.

A cinq heures du soir, les Allemands s'avancent sur Origny, et le 51e de marche, qui garde ce village, renouvelant son exploit de la veille,

---

(1) Voir général Chanzy, *La Deuxième armée de la Loire*, p. 150.

lâche pied et prend la fuite en découvrant notre droite.

Maîtres des premières maisons d'Origny, les Prussiens se rabattent sur Ourcelle et se heurtent à nos tirailleurs qui les reçoivent par une vigoureuse fusillade. Le commandant Delgal accourt aussitôt avec du renfort, tandis qu'une batterie de mitrailleuses s'établit rapidement au Sud d'Ourcelle et commence un feu terrible.

Les Prussiens, criblés de balles et de mitraille, éprouvent des pertes énormes, et se replient en désordre sur Villejouan.

De son côté, le commandant Guiraudies fait exécuter une fusillade sur des masses confuses qu'on aperçoit vaguement dans la direction de Cernay, et c'est tout; la bataille est terminée.

Nous luttons depuis cinq heures du matin, et notre bonne contenance a sauvé la situation, au centre de l'armée française.

Bientôt la nuit est complète, tout est calme, quelques détonations viennent seules interrompre ce silence imposant, et l'on n'entend plus que les gémissements des mourants et les plaintes des blessés qu'on emporte du champ de bataille.

A sept heures du soir, le 46e de marche vint nous remplacer à Ourcelle.

Affamés, épuisés de fatigue, brisés par les émotions de la journée, nous regagnâmes péniblement le village de Prenay; quelques compagnies, disséminées par la lutte, étaient à Josnes depuis quatre heures du soir.

Chacun avait perdu un ami, un camarade ; la tristesse était générale. A l'enthousiasme du matin, succédaient l'abattement et la consternation.

Dans la soirée et pendant toute la nuit, des mobiles parcoururent les ambulances pour avoir des nouvelles de leurs camarades blessés, ou chercher un ami parmi les morts.

A la lueur vacillante d'une chandelle, éclairant ces pâles visages, dont quelques-uns semblaient plongés dans un sommeil bienheureux, tandis que d'autres avaient conservé, même après la mort, une expression de colère menaçante, nos mobiles, agenouillés, recueillaient pieusement sur les cadavres divers objets leur ayant appartenu, précieuses reliques qu'ils comptaient remettre fidèlement à leurs parents après la campagne.

Le cadavre du commandant Fouilhade, transporté à Josnes, gisait dans une cour au milieu des corps de ses compagnons d'armes étendus pêle-mêle. Chef et soldats étaient confondus dans la mort comme ils l'avaient été dans la mêlée. C'était un triste et poignant spectacle ; ces derniers adieux étaient touchants et émotionnaient fortement.

Le succès de la journée revenait incontestablement à notre régiment. En effet, à nous seuls, nous avions fait deux cents prisonniers et enlevé deux villages à l'ennemi ; mais cet avantage avait été obtenu au prix de grandes pertes : neuf officiers et deux cents hommes étaient hors de combat !

XI

BATAILLE DE VENDOME.

(15 décembre 1870.)

Résultats de la journée du 16. — Le général de Jouffroy prend le commandement de la 3e division. — Le commandant Delgal est nommé lieutenant-colonel du 70e mobiles. — Le général de Jouffroy félicite le 70e mobiles.— Scène touchante. — La retraite de la deuxième armée sur le Loir. — Le camp de Pezou. — Ordre du jour du général en chef. — Bataille de Vendôme. — La retraite sur Le Mans.

Pour la quatrième fois, la 2e armée de la Loire venait de repousser victorieusement les attaques du grand-duc de Mecklembourg.

Pendant ces quatre journées, on s'était borné. de notre côté, à se maintenir sur ses positions sans essayer de l'offensive ; nos généraux ayant hésité à engager à fond leurs jeunes troupes, qui ne demandaient qu'à marcher, venaient de perdre ainsi la dernière chance, à peu près certaine de victoire car les Allemands étaient en nombre inférieur. Désormais des revers.

La fatigue était extrême, le repos était absolument nécessaire pour réorganiser les corps désunis par les luttes et les marches; le commandant en chef, informé de l'arrivée de renforts aux Allemands, ordonna la retraite sur le Loir.

Les nombreux vides qui s'étaient produits dans les cadres des officiers supérieurs furent immédiatement comblés. Le colonel de Jouffroy, promu général de brigade, était appelé au commandement de notre division; le commandant Delgal était nommé lieutenant-colonel du 70e mobiles; en outre, il était dressé un état de propositions pour des promotions à un grade supérieur et, quelques jours plus tard, les nominations parvenaient au régiment.

Le 11, au matin, tout était calme, la lassitude était grande des deux côtés.

Vers huit heures, trois compagnies du régiment partaient du camp pour opérer une reconnaissance; les mobiles, la plupart mal chaussés et les vêtements en lambeaux, avaient un air profondément malheureux.

Le général deJouffroy, qui, dans son ordre du jour mentionnant notre belle conduite de la veille, nous avait adressé les plus grands éloges, venait lui-même féliciter le régiment, accompagné de son état-major, lorsque, rencontrant sur son chemin les compagnies envoyées en reconnaissance, il se rangea, se découvrit respectueusement sur leur passage et leur cria : « Pauvres enfants, je vous plains, mais, je vous admire (1)! »

Belles paroles! noble langage!

Ces simples mots, fournis par l'éloquence du cœur, venaient de conquérir au sympathique gé-

(1) Voir commandant Guiraudies. *Lettre sur la mobile du Lot*, p. 31.

néral le dévouement de tous les mobiles du Lot.

A dix heures du matin, la 2e armée, pivotant sur sa gauche, commença son mouvement de retraite.

Notre division, ayant ses avant-postes en contact avec l'ennemi, quittait ses positions de Prenay et d'Ourcelle sans être sérieusement inquiétée. Quelques coups de canon furent échangés de part et d'autre, et ce fut tout.

A trois heures du soir, nous campions à Concriers ; le lendemain nous poussions jusqu'à Oucques et le surlendemain nous franchissions le Loir à Pezou.

Le temps était devenu exécrable. La pluie qui tombait à torrents avait fait fondre la neige et la marche, exécutée dans les flaques des grandes routes ou dans la boue des champs détrempés, était fort pénible. En outre, les instants, pendant lesquels nous aurions pu nous reposer, nous les passions dans la boue de nos bivouacs, sans pouvoir sécher nos vêtements. Ces nuits sans sommeil étaient plus cruelles encore que les fatigues des marches de la journée.

A Pezou surtout, notre camp était un véritable bourbier; à certains endroits, il y avait jusqu'à quarante centimètres d'eau dans les sillons. L'artillerie, forcée de s'y engager pour gagner les hauteurs, avait eu toutes les peines du monde à retirer ses pièces qui s'embourbaient jusqu'à l'essieu.

Le 14 décembre, la 2e armée était établie le long du Loir : A droite, en avant de Vendôme, le long de la Houzée, les troupes du 16e corps; au centre, les trois divisions du 17e corps occupaient les hauteurs de la rive droite, des Tuileries à Pezou ; à gauche, le 21e corps s'étendait de Pezou à St-Hilaire-la-Gravelle, et, enfin, à l'extrême gauche, la division Bretagne occupait Cloyes.

Dans cette journée, l'armée du grand-duc, renforcée de détachements de la deuxième armée allemande (1), reprenait le contact immédiat et divers engagements avaient lieu avec nos troupes. La lutte allait recommencer sans que nous eussions le temps de nous refaire un peu, et le commandant en chef qui, tout d'abord, avait songé à se retirer derrière la Sarthe, voulut essayer de se maintenir sur le Loir.

Le soir, des ordres à ce sujet parvinrent à tous les corps. Notre régiment quittait Pezou et allait s'établir à Belle-Assise, sur des hauteurs dominant la vallée du Loir et les hauteurs de la rive gauche.

Le 15 au matin, l'ordre du jour suivant fut lu aux troupes :

« SOLDATS DE LA DEUXIÈME ARMÉE,

» Depuis quinze jours vous n'avez pas cessé de
» combattre. Vous avez lutté héroïquement contre
» la principale armée allemande, commandée par
» le prince Frédéric-Charles, et si chaque jour
» vous n'avez pas complétement battu l'ennemi
» comme à Vallière, à Coulmiers, à Villépion, vous
» n'avez jamais subi de défaites, puisque chaque

---

(1) Le 10e corps et une partie du 3e.

» soir vous avez couché sur vos positions, disputées avec acharnement de l'aube à la nuit. Pendant cinq jours, la deuxième armée, appuyant sa droite à la Loire, sa gauche à la forêt de Marchenoir, s'est maintenue dans ses lignes en avant de Josnes; et les batailles des 7, 8 et 9 décembre ont été aussi glorieuses pour vous que funestes à l'ennemi, qui, de l'aveu de ses prisonniers, a subi des pertes considérables, surtout en officiers de tout grade.

» Des considérations stratégiques vous ont ramenés sur les positions que vous occupez actuellement. Vous les conserverez, quels que soient les nouveaux efforts de l'ennemi, qui ne s'acharne à vous que parce qu'il comprend que vous êtes pour lui l'obstacle et la résistance.

» Ce que vous venez de faire, malgré des privations forcées, des fatigues incessantes, le froid, la neige, la boue de vos bivouacs, vous le continuerez, puisqu'il s'agit de sauver la France, de venger notre pays envahi par des hordes de dévastateurs.

» Pour nos nouveaux efforts, il faut l'ordre, l'obéissance, la discipline; mon devoir est de l'exiger de tous : je n'y faillirai pas. La France compte sur votre patriotisme, et moi, qui ai l'insigne honneur de vous commander, je compte sur votre courage, votre dévouement et votre persistance.

» *Le général en chef,*

» Signé : CHANZY. »

Vers dix heures du matin, le canon retentissait fortement à notre droite et à notre gauche, la bataille s'engageait du côté de Vendôme et de Fréteval; devant nous tout était calme, l'ennemi n'était pas signalé (1).

A midi, une forte colonne prussienne débouchant des bois de Chicheray, apparut en face de nos positions. Elle descendait tranquillement les pentes de la rive gauche lorsque nos pièces, en batterie sur les hauteurs opposées, ouvrirent tout à coup leur feu et la criblèrent de projectiles.

Surpris, les Allemands s'enfuirent en désordre, regagnèrent les bois et nous ne les revîmes plus de la journée.

Telle fut, pour nous, la bataille de Vendôme; nous ne prîmes aucune part à la lutte et nous assistâmes en spectateurs au triomphe de notre artillerie.

Du côté de Vendôme et de Fréteval, l'affaire avait été plus chaude; c'était par là que l'ennemi avait prononcé son attaque principale; mais, à Vendôme, nos troupes avaient tenu bon et, à Fréteval, elles avaient eu du succès. Toutefois, et malgré cet avantage (2), le général en chef,

---

(1) dans la matinée, des troupes de la 3e division avaient exécuté une reconnaissance sur la rive gauche et soutenu un vif combat, dans lequel elles avaient fait des prisonniers; après leur rentrée à Pezou, elles détruisirent le pont de cette localité.

(2) Les documents officiels allemands avouent que le combat resta indécis, bien que sur plusieurs points l'avantage fût resté aux troupes françaises.

instruit de l'arrivée de la deuxième armée allemande, résolut de battre en retraite sur Le Mans, car ses troupes, épuisées de fatigue, étaient incapables de résister aux efforts combinés des armées du prince Frédéric-Charles et du grand-duc de Mecklembourg.

Le mouvement de retraite commença dans la nuit; tous les ponts sur le Loir furent détruits et, à neuf heures du matin, l'armée française tout entière était sur la rive droite, en marche sur la Sarthe.

Le 16 et les jours suivants, l'armée continua son mouvement général de retraite; le 21, elle était établie aux environs du Mans, sur les positions qui lui avaient été assignées par le général en chef.

Notre marche s'était opérée par Epuisay, St-Calais, Coudrecieux, Bouloire et Yvré-l'Evêque; le 21, nous traversions la ville du Mans et nous prenions nos cantonnements à Pruillé-le-Chétif, où nous devions nous reposer quelques jours.

La retraite avait été pénible, car le temps était devenu très-rigoureux, et il avait abondamment neigé.

XII

La vie en marche. — Trainards et fricoteurs. — Situation du régiment. — Les colonnes mobiles. — Les cancans du régiment. — La 3e division se porte sur le Loir.

Durant nos marches, les distributions de vivres ne pouvaient se faire très-exactement, quoique les routes fussent sillonnées d'interminables convois de vivres, et le plus souvent nous étions obligés de nous suffire à nous-mêmes.

Les compagnies avaient bien doublé la retenue de l'ordinaire, qui s'élevait à vingt centimes par homme et par jour, mais, malgré cela, nous serions littéralement morts de faim si chacun de nous ne s'était ingénié pour se procurer à manger.

Cela était d'autant plus regrettable que, dès l'arrivée au gîte, bien des compagnies avaient de la peine à réunir assez d'hommes pour le service ou les corvées, ayant tout leur monde disséminé dans la campagne. En outre, quelques mobiles contractèrent la mauvaise habitude d'abandonner le régiment à la chute du jour et de s'arrêter dans des fermes où ils passaient la nuit *à fricoter*. Parfois, les uhlans ou les gendarmes qui, les uns et les autres, étaient ennemis jurés des trainards, venaient interrompre leur joyeuse besogne ; mais, sans trop se déconcerter, nos mobiles qui, presque toujours, étaient en force, recevaient les uns à coups de fusil et accueillaient les autres par des quolibets et des plaisanteries.

Le lendemain, de grand matin, nos retardataires avaient rejoint le régiment; quelquefois, cependant, ils s'égaraient dans leur marche : on les voyait alors sur les routes pressant l'allure et demandant invariablement à toutes les troupes qu'ils rencontraient : « Vous n'avez pas vu passer *la mobile du Lot?* »

Le général de Jouffroy les rencontrait souvent et, comme il savait qu'il pouvait compter sur eux au jour du combat, il ne les malmenait pas trop, leur montrait la direction à prendre et leur disait en souriant : « Allons, *la mobile du Lot!* il faut rejoindre rapidement. » Nos hommes, tout confus, baissaient l'oreille, et dès que le général les avait dépassés, ils convenaient que c'était le meilleur homme du monde.

Les lignes suivantes du commandant Guiraudies montreront exactement quel était à ce moment l'état physique et moral du régiment (1):

« Le 21 au matin, nous arrivions enfin au Mans,
» où notre général nous promettait quelques jours
» de repos, d'ailleurs indispensables pour réorga-
» niser notre régiment. La mobile du Lot n'était
» déjà plus cette belle troupe que l'on admirait à
» Vendôme. Nos hommes, recevant une nourri-
» ture insuffisante, étaient hâves, décharnés; les

---

(1) Lettres sur la mobile du Lot, p. 33.

» souliers manquaient, beaucoup de soldats, dési-
» reux de suivre leurs camarades, avaient été ré-
» duits à acheter des sabots ; les légers vêtements
» qui leur avaient été distribués, soit à Cahors,
» soit à Orléans, tombaient en loques. Mais, en
» revanche, la mobile, privée de ses avantages
» extérieurs et appréciables seulement en garni-
» son, avait désormais une mâle attitude. Ne bron-
» chant pas sous le feu, ayant combattu l'ennemi
» corps à corps, elle ne redoutait pas ses adver-
» saires qui n'avaient jamais pu la faire reculer,
» et elle ne doutait pas un seul instant du succès
» de nos armes. Cette confiance lui était inspirée
» par le sentiment de sa valeur, par son désir de
» se distinguer, et surtout par son amour pour la
» Patrie. »

Les malades étaient nombreux dans les cantonnements, la petite vérole sévissait avec force et, par suite des maladies ou des pertes du champ de bataille, le régiment avait perdu plus d'un tiers de son effectif depuis le 20 novembre.

La deuxième armée de la Loire, tout en se reposant des rudes fatigues occasionnées par les marches incessantes et les combats journaliers qu'elle avait soutenus depuis le commencement du mois, allait se réorganiser rapidement. La situation de Paris, objectif de la deuxième armée, exigeait une prompte solution, et le général Chanzy s'occupa d'arrêter un plan de campagne pour le jour prochain où ses soldats seraient en état de reprendre les hostilités. En attendant qu'il pût agir plus efficacement, le commandant en chef résolut de pousser en avant des colonnes mobilés pour surveiller et inquiéter l'ennemi dont nous avions perdu le contact. Deux colonnes furent organisées au Mans : l'une, aux ordres du général Rousseau, devait se porter sur la Ferté-Bernard, et la 3e division du 17e corps, sous le commandement du général de Jouffroy, recevait, le 22 au soir, l'ordre de se porter sur la Braye pour surveiller le Loir et menacer Vendôme. Pour cette opération, le général de Jouffroy était autorisé à demander des renforts en artillerie et en infanterie, au général Barry à Chassaignes, et en cavalerie, au général Michel à La Rochère. En outre, le général de Curten, commandant la 3e division du 16e corps, avait l'ordre de se porter de Poitiers sur Château-la-Vallière, où il devait être rejoint par une colonne de trois ou quatre mille hommes aux ordres du général Cléret. Ces dernières troupes devaient marcher ensuite sur Vendôme par Château-Renault et Saint-Amand, en combinant leurs efforts avec ceux du général de Jouffroy, qui avait la direction générale des opérations.

Les colonnes mobiles devaient manœuvrer de façon à dissimuler la situation de l'armée et à voiler les opérations que combinait le commandant en chef; leur mission spéciale consistait à explorer tout le pays entre le Loir et la Loire et à couvrir le chemin de fer du Mans à Tours (1). Les

(1) Quelques écrivains militaires ont critiqué l'envoi de ces

instructions données au général de Jouffroy ajoutaient : « La mission confiée au général de Jouffroy est une opération de guerre des plus importantes ; le général en chef compte sur sa vigueur et sur celle qu'ont su déployer jusqu'ici les troupes de la 3e division du 17e corps (1). »

En exécution de ces ordres, le général de Jouffroy prescrivit à ses chefs de corps de procéder immédiatement au choix des meilleurs marcheurs, des hommes les plus valides, les mieux armés et les mieux chaussés de leurs régiments, et de se tenir prêts à un mouvement rapide et de quelques jours.

A peine nos compagnies étaient-elles installées

---

colonnes mobiles. L'historien français, A. Le Faure, dit notamment à ce sujet : « L'envoi de ces colonnes mobiles devait, » nous le verrons plus loin, avoir de funestes conséquences. » Il est incontestable qu'en disséminant ces troupes, en leur » faisant prendre, dès la fin de décembre, le contact avec » l'ennemi, le général Chanzy s'exposait à ne pas avoir dans » la main pour le jour décisif des forces suffisantes à opposer » à l'ennemi. En poussant en avant les colonnes des généraux » Rousseau et Jouffroy, le commandant de la seconde armée » n'avait-il en vue que des reconnaissances ? Ces détachements, le second notamment, étaient trop forts. En cas de » succès, il allait devenir nécessaire de faire avancer l'armée ; en cas de revers, il faudrait soutenir et dégager les « colonnes : dans les deux hypothèses, on était conduit à engager l'action plus sérieusement qu'il ne l'eût fallu peut-» être. » (*Histoire de la guerre franco-allemande*, p. 326.)

(1) Voir général Chanzy, *la deuxième armée de la Loire*, p. 258.

dans leurs cantonnements de la Manouillère et de Pruillé-le-Chétif, que la nouvelle d'un prochain départ se répandit dans le régiment. Nous convînmes généralement que quelques jours de repos, d'ailleurs bien mérités, eussent mieux fait notre affaire; puis nous nous livrâmes à toutes sortes de conjectures sur le but de l'expédition que la division allait entreprendre.

Les bruits les plus invraisemblables circulèrent bientôt de cantonnement en cantonnement, dans la division. Tantôt c'était un prince Albert quelconque que nous devions aller surprendre dans un village; tantôt il s'agissait tout simplement d'exécuter une reconnaissance offensive; mais la nouvelle qui s'accrédita le plus, fut que nous allions enlever des convois prussiens pris dans les glaces, ni plus ni moins que des navires dans les mers polaires. L'opération était on ne peut plus facile, car ces convois étaient abandonnés de leurs propriétaires ou faiblement gardés, et nous devions emporter tous les outils nécessaires pour les dégager.

Cette dernière version était officielle : quelques moblots la tenaient de lignards du 45e, qui l'avaient apprise eux-mêmes par un chasseur à pied à qui le palefrenier du général l'avait communiquée!

Rien de curieux, du reste, comme tous les cancans qui se débitaient journellement dans les camps et les bivouacs. Là, les troupes avides de nouvelles en inventaient pour leur usage quotidien ; les opérations militaires étaient discutées, appréciées, commentées à perte de vue par de profonds stratégistes ou de savants tacticiens en capote, et, malheureusement, dans ces entretiens, le mot de *trahison* était trop souvent prononcé.

Quoi qu'il en fût, convois ou prince prussien à enlever, reconnaissance ou autre chose, il s'agissait évidemment d'une opération rapide, d'un coup de main, puisque l'on n'emmenait pour ainsi dire que l'élite de la division. Ce genre d'expédition, offrant plus d'imprévu, était parfaitement de notre goût. En effet, des combats de partisans, des tentatives hardies exigeant de la vigueur et de l'audace, convenaient mieux à notre tempérament actif et entreprenant, mais peu discipliné, que les grands mouvements d'ensemble, subordonnés à une seule volonté qui annihile parfois toute initiative individuelle. Aussi, lorsque l'on procéda au choix des mobiles aptes à faire partie de l'expédition, chacun voulut suivre le régiment, il n'y eut que les hommes réellement incapables de suivre la colonne qui restèrent aux cantonnements et furent dirigés ensuite sur Allonne, où la 3e division établit un dépôt de tous ses *impedimenta*.

Le mouvement, commencé le 23, s'opéra par Parigné-l'Evêque, le Grand-Lucé et Courdemanche ; le 26, la 3e division était tout entière sur la Braye, de Bessé à Lavenay.

L'ennemi étant signalé dans la vallée du Loir, du côté de Montoire, le général de Jouffroy pous-

7

sait au loin ses avant-postes et donnait des ordres pour atteindre, le lendemain, la ligne Trôo-Fontaine-en-Beauce-Lunay.

DEUXIÈME PARTIE

(Du 27 décembre 1870 au 10 janvier 1871).

OPÉRATIONS DU GÉNÉRAL DE JOUFFROY ENTRE VENDOME ET LE MANS

I

COMBAT DE SAINT-QUENTIN.

(27 décembre 1870).

Mouvements de l'armée allemande. — Des détachements prussiens pillent et rançonnent dans le Vendômois. — Résistance des habitants de la vallée du Loir. — Colonne prussienne à Montoire. — Le général de Jouffroy surprend l'ennemi. — Combat de St-Quentin. — Charge du 70e mobiles. — Le 70e mobiles enlève un convoi à l'ennemi. — Montoire.

Après les derniers combats livrés autour de Vendôme, les Allemands, inquiets des mouvements de l'armée du général Bourbaki, n'avaient point poursuivi la deuxième armée de la Loire dans sa retraite sur Le Mans. Le prince Frédéric-

Charles ayant reçu l'ordre de ne pas trop s'engager dans l'ouest, afin de pouvoir marcher rapidement sur Bourbaki, s'il le devenait nécessaire, avait renvoyé une partie de ses forces sur la Loire et porté son quartier-général à Orléans ; le grand-duc de Mecklembourg s'était retiré sur Chartres ; le 10e corps et deux divisions de cavalerie étaient restés pour garder le pays et surveiller l'armée française. La 20e division occupa Vendôme, le reste du corps se dirigea sur Tours.

N'ayant pas de troupes françaises en leur présence pour les gêner dans leurs excursions, des détachements de la 20e division se répandirent autour de Vendôme pour réquisitionner, piller et rançonner les villes et villages de cette contrée ; mais les patriotiques habitants de la vallée du Loir, aidés de quelques francs-tireurs, reçurent ces détachements à coups de fusil. Les environs de Montoire, notamment les villages de St-Rimay, les Roches, Trôo et Sougé se signalèrent par leur résistance à l'envahisseur.

Le 21 décembre, une colonne sortie de Vendôme pour réquisitionner, envoyait au-delà de Montoire un escadron de cavalerie (cuirassiers blancs de Kœnisberg) pour reconnaître le pays ; salué à son passage dans la vallée du Loir par des coups de feu tirés par des francs-tireurs postés à Trôo et à Sougé, cet escadron dut regagner précipitamment Montoire, après avoir perdu plusieurs hommes. Les Prussiens ne se trouvant pas en sûreté, repassèrent le Loir et, le 23 au matin, ils rentraient à Vendôme en annonçant hautement dans le pays que sous peu ils reviendraient pour brûler cette fois les villages de Trôo et de Sougé.

En effet, le 26, une colonne forte de 6 compagnies du 79e d'infanterie, d'un escadron du 12e uhlans, de 2 pièces d'artillerie du 10e régiment et suivie de voitures de convois, partait de Vendôme sous le commandement du lieutenant-colonel de Boltenstern, se portant par les Roches, Montoire, Trôo et Sougé jusqu'à la Braye, pour « réquisi-
» tionner, incendier les villages qui avaient fait
» un semblant de résistance et prendre des ôtages,
» en un mot, pour mettre en pratique le système
» que les Allemands avaient adopté depuis quel-
» ques mois (1). »

Arrivée à la hauteur des Haies, la colonne déploya trois compagnies qui cernèrent le bois de la Saulnerie, d'où, quelques jours auparavant, étaient partis des coups de feu qui avaient tué ou blessé plusieurs hommes faisant partie d'une reconnaissance de cavalerie passant sur la route ; quelques paysans qui se trouvaient dans le bois furent arrêtés. Les Prussiens descendirent ensuite à St-Rimay, arrêtèrent quelques habitants du bourg parmi lesquels se trouvaient des femmes et des enfants, et les emmenèrent comme ôtages à Montoire où ils les enfermèrent dans une chambre du quartier de cavalerie.

Le lieutenant-colonel de Boltenstern s'établit

(1) Voir Rustow, *la guerre de France*, 1870-71.

militairement à Montoire et y passa la nuit.

Le 27 au matin, une reconnaissance prussienne envoyée sur la route de Savigny, surprenait et enlevait un petit poste avancé de la 3e division à la ferme de la Touche des Bois. Mis en éveil par la présence de troupes françaises, le commandant de la colonne prussienne songea à exécuter rapidement ses projets sur Trôo et Sougé pour se replier aussitôt derrière le Loir; mais, avant de s'engager dans la vallée du Loir, il prit des précautions pour assurer ses communications et surveiller ses derrières. A cet effet, il laissa une compagnie aux Roches et une autre à Montoire; ces forces devaient garder les ponts de ces localités, qui, détruits le 17 décembre par l'armée française en retraite, avaient été rétablis provisoirement par les Prussieus, au moyen de peupliers jetés en travers de la rivière et recouverts de planches mobiles.

A dix heures du matin, le lieutenant-colonel de Boltenstern était à Saint-Quentin avec sa colonne; il laissait dans ce village un détachement et son artillerie, se dirigeait sur Trôo où, dès son arrivée, il faisait arrêter des habitants pour les emmener comme ôtages et poursuivait ensuite sa marche sur Sougé lorsque, attaqué près de ce village par des francs-tireurs et des troupes de ligne venant de Lavenay, et s'apercevant qu'il allait étre enveloppé par des forces françaises marchant sur Trôo et les Roches, il ordonna la retraite.

Dès le matin, des habitants du pays étaient venus signaler au général de Jouffroy, à Bessé, la marche de la colonne prussienne et ses desseins sur Trôo et Sougé. Le général s'était porté immédiatement en avant avec sa première brigade et toute son artillerie pour surprendre l'ennemi pendant cette opération.

Il était environ onze heures du matin lorsque la brigade arriva à Fontaine-en-Beauce ; le général prit aussitôt ses dispositions d'attaque et forma trois colonnes. Le premier bataillon de chasseurs à pied, un bataillon du 45e de marche et une batterie marchèrent directement sur les Roches ; cette colonne surprenait, vers deux heures du soir, la compagnie prussienne laissée dans ce village et la faisait tout entière prisonnière. Un bataillon du 70e mobiles et une batterie se dirigeaient sur Trôo, et le général, se plaçant à la tête de la troisième colonne, composée de deux bataillons du 45e de marche, d'une batterie et de deux mitrailleuses, se porta sur Montoire par la petite vallée de Fontaine et prit position au débouché de cette vallée dans celle du Loir.

Les deux autres bataillons du 70e mobiles furent établis en réserve sur le plateau au nord de Saint-Quentin ; quelques compagnies se retranchèrent dans des maisons, les autres se tinrent prêtes à appuyer au besoin la colonne envoyée sur Trôo.

Ces divers mouvements s'opérèrent sans donner l'éveil à l'ennemi qui, surpris, se trouvait enfermé dans la vallée du Loir, sorte de corridor étroit d'où il lui serait difficile, sinon impossible de sortir. En effet, de Trôo aux Roches, nous étions maîtres des hauteurs qui commandent la route que les Prussiens étaient obligés de suivre pour regagner Vendôme.

Ainsi, d'un côté le Loir où il était acculé, sur son flanc droit les hauteurs que nous occupions, le général de Jouffroy lui barrant le passage près de Montoire, et la colonne envoyée aux Roches empêchant l'arrivée de troupes de secours ou lui coupant la retraite s'il parvenait à percer : telle était la situation de l'ennemi (1).

Bientôt la fusillade se faisait entendre du côté de Montoire où des troupes du 45e de marche engageaient le combat avec les détachements ennemis ; l'artillerie prussienne restée à Saint-Quentin envoyait quelques obus sur les hauteurs pour fouiller le terrain, et celle du général de Jouffroy, en batterie près de la Haloperie, ne tardait pas à répondre.

Cependant le gros de la colonne prussienne, se repliant promptement, avait pu arriver à Trôo avant l'arrivée de notre détachement et quittait précipitamment ce village emmenant une quarantaine d'ôtages ; mais déjà les hauteurs de Ruau étaient occupées par quelques tirailleurs, et les Prussiens étaient obligés de défiler sous leur feu. Arrivé à Saint-Quentin, le lieutenant-

(1) Les Français ignoraient le rétablissement du pont de Montoire.

colonel de Boltenstern, ayant rallié son détachement, allait poursuivre sa route quand il se heurta aux troupes du 45e de marche dont un bataillon, déployé en tirailleurs, lui barrait carrément le passage, pendant que l'autre bataillon, occupant le versant des hauteurs, fusillait sur son flanc gauche la tête de sa colonne.

Les Prussiens déployèrent des tirailleurs des deux côtés de la route et placèrent leurs pièces en batterie sur la chaussée ; ces deux pièces, abritées contre l'artillerie du général de Jouffroy par des maisons qui leur formaient comme une sorte de défilement, dirigèrent exclusivement leurs coups contre la ligne du 45e de marche et lui occasionnèrent des pertes sensibles.

Un violent combat d'artillerie et de mousqueterie était engagé depuis une heure environ, quand la colonne venant de Trôo qu'elle avait trouvé abandonné par l'ennemi, se portait rapidement au canon et s'établissait sur les crêtes du plateau à l'est de Ruau ; les deux autres bataillons du 70e mobiles s'avançaient sur les hauteurs au nord de Saint-Quentin, et quelques compagnies, se déployant sur les pentes, ouvraient sur l'ennemi une vive fusillade.

Aussitôt leur arrivée, nos six pièces, se plaçant en batterie près de la ferme de la Haute-Barolre, point le plus culminant, ouvrirent un feu terrible et criblèrent d'obus les Allemands. Dès les premiers coups, les pièces prussiennes, prises à revers, furent réduites au silence.

Attaqué à la fois de front et de flanc, adossé au Loir dans une situation exceptionnellement critique, bien près d'être réduit à la cruelle nécessité de capituler en rase campagne, le lieutenant-colonel de Boltenstern résolut de tenter un suprême effort pour se dégager, et conçut le projet de donner un vigoureux coup de boutoir aux forces qu'il avait devant lui, et de se porter sur Montoire pour, de là, gagner Vendôme ou Château-Renault.

En conséquence, il disposa trois compagnies de front, son artillerie suivant de très-près, ses voitures de convoi sur deux rangs, une compagnie à l'arrière-garde avec la cavalerie sur les ailes, et, dans cet ordre, il attaqua vivement la colonne du général de Jouffroy.

Trop faibles pour résister à ce choc, et ne présentant pas sur le front de l'attaque une masse assez compacte, les compagnies du 45e de marche luttent avec acharnement, mais cèdent peu à peu le terrain. Tout à coup la ligne faiblit, les tirailleurs de gauche se replient sur les hauteurs et sont poursuivis par les uhlans ; il y a un moment de désordre pendant lequel l'artillerie, qui ne peut tirer dans la mêlée de crainte de blesser nos soldats, court le risque d'être enlevée ainsi que le général qui, pour se dégager, fait feu de son revolver et déploie le plus grand courage. Les pièces sont sauvées et les Allemands, qui n'ont pas de temps à perdre, se dirigent en toute hâte sur Montoire, chassant devant eux et emmenant prisonniers une centaine de tirailleurs du 45e de marche, tandis que le reste du régiment et le général regagnent promptement Fontaine, fort heureux d'en être quittes à si bon marché.

La manœuvre désespérée du commandant prussien venait de lui réussir pleinement ; désormais il est hors d'atteinte.

Cependant, au moment de la débâcle du bataillon du 45e de marche, il se passait un fait assez bizarre : les Prussiens, culbutant et poursuivant les tirailleurs de ce régiment, étaient poursuivis à leur tour par le 70e mobiles, qui ignorait complétement ce qui se passait devant lui.

En effet, dès que la colonne prussienne, décimée par le feu de notre batterie, s'ébranle pour se porter sur Montoire, six compagnies, protégeant l'artillerie, s'élancent à la baïonnette, fondent comme une avalanche sur Saint-Quentin où elles surprennent des traînards de l'arrière-garde allemande ; un moment après, les compagnies du 2e et du 3e bataillons descendent également dans la vallée et tout le régiment se met à la poursuite de l'ennemi.

Deux compagnies seulement restent sur le plateau de Saint-Quentin pour ne pas abandonner complétement l'artillerie qui, elle-même, pour ne pas gêner notre charge, cesse immédiatement son feu dont l'effet avait été terrible : dans la vallée, la route était couverte de cadavres et de blessés.

Nous marchons rapidement sur Montoire, tout étonnés de ne pas rencontrer d'autres troupes de la division ; deux magnifiques voitures d'ambulance ainsi que leur personnel sont capturés sur la route, à la hauteur de la ferme de la Touche; un chirurgien allemand vient de donner des soins à un chef de bataillon du 45e de marche, blessé d'une balle à la jambe, et des soldats français blessés nous racontent rapidement ce qui vient de se passer.

L'arrière-garde prussienne vient d'entrer dans Montoire ayant une demi-heure d'avance sur nous. La nuit qui arrive rapidement va favoriser notre attaque à la baïonnette, mais il faut se hâter, car l'ennemi, bloqué dans Montoire, pourrait trouver une issue.

Le lieutenant-colonel Delgal, le commandant Guiraudies remettent un peu d'ordre dans les rangs et nous reprenons notre marche. Bientôt des cris de : « En avant ! » retentissent de toutes parts; les officiers sont impuissants à contenir leurs hommes, et alors ce n'est plus le pas de charge, ce n'est plus le pas gymnastique, mais bien un galop effréné, une course folle.

Les compagnies emmêlées pénètrent ainsi dans Montoire par le faubourg de Prazé; il fait presque nuit, les maisons sont closes; partout le silence.

Les Prussiens viennent de défiler, malmenant et arrêtant les personnes qu'ils ont trouvées sur leur passage; aussi les habitants se sont-ils prudemment enfermés chez eux; nous frappons aux portes; quelques-uns se risquent et, tout étonnés d'avoir affaire à des Français, nous préviennent que l'ennemi occupe la place au centre de la ville.

Cette nouvelle ne fait qu'enflammer les âmes.

Cependant si, comme nous l'assurent les habitants, les Prussiens se sont barricadés sur la place, leur artillerie enfilant la rue par où nous débouchons, va faire de grands ravages dans nos rangs.

Il n'importe ! En avant et vive la France ! tel est le cri général.

Les officiers, sabre ou revolver au poing, les mobiles, baïonnette au canon, serrant frénétiquement leur arme, offrent le plus beau spectacle qu'on puisse imaginer. Ce pêle-mêle imposant, cette cohue grandiose, ce bruit confus, ces cris de guerre, le cliquetis des armes s'entrechoquant, électrisent et excitent au combat.

En avant ! A la baïonnette ! Vive la France ! Ces mots font tressaillir les cœurs d'une façon étrange, inconnue, l'enthousiasme est à son comble.

Il faut être passé par là, il faut avoir ressenti ces émotions pour les comprendre.

La tête de la colonne débouche tout à coup sur la place ; on s'attend à quelque formidable décharge et, surpris de ne pas rencontrer de résistance, nous avançons lentement, avec précautions : la place, les rues voisines sont fouillées avec soin, rien, pas d'ennemis.

Les Prussiens, se croyant en sûreté à Montoire, procédaient à l'arrestation de quelques habitants qui leur avaient été dénoncés sans doute, et reformaient tranquillement leurs rangs sur la place.

Nos cris retentissant soudain aux portes de la ville, les poussent à se remettre en marche et à franchir à la hâte le pont de St-Oustrille. Le gros de la colonne et les équipages s'engagent sur le chemin de Lavardin, pendant que, pour masquer cette retraite, une partie de la cavalerie reste à l'arrière-garde, s'enfuyant bientôt après par la route de Château-Renault.

Des habitants, accourus sur la place, ne peuvent nous fournir d'autres renseignements que la direction que vient de prendre l'ennemi ; nous nous dirigeons aussitôt vers le Loir pour recommencer la poursuite.

La nuit est complète.

Dans leur fuite précipitée, les Prussiens n'ont pas songé à retirer devers eux le tablier du pont provisoire ; nous traversons rapidement la rivière, mais, à St-Oustrille, un obstacle sérieux vient arrêter la marche : deux routes s'offrent à nous : celle de Lavardin et celle de Château-Renault, et nous ignorons celle que les Prussiens viennent de prendre.

En l'absence de renseignements, le lieutenant-colonel Delgal et le commandant Guiraudies prennent le chemin de Lavardin, en amont du Loir, et sont suivis de deux ou trois cent mobiles à peine, tandis que le capitaine Pechverty, commandant provisoirement le 2e bataillon, s'engage sur la route de Château-Renault avec quelques compagnies. Beaucoup de mobiles, éreintés par cette course, rentrent en ville et le capitaine

Pechverty, ayant parcouru deux ou trois kilomètres sans rien rencontrer, y rentre également avec son détachement.

Après une heure de marche, le lieutenant-colonel Delgal atteint les Prussiens près de Lavardin, quelques coups de feu sont immédiatement échangés. La situation n'est pas brillante si l'ennemi est sur la défensive, car le terrain, resserré entre le Loir et des hauteurs assez escarpées, n'offre aucun développement pour le combat et nous sommes hors d'haleine.

Cependant, pressés d'en finir, le lieutenant-colonel Delgal et le commandant Guiraudies s'écrient : à la baïonnette ! et, donnant l'exemple, ils s'élancent dans la direction présumée de l'ennemi dont on entend déjà les bruits de voix ; officiers et mobiles se précipitent à leur suite avec beaucoup d'entrain.

Au bout de cinquante pas, nous trouvons le chemin obstrué par des voitures tout attelées mises en travers et fermant complétement le passage. Pour se sauver, les Prussiens ont sacrifié la plus grande partie de leur convoi. Nous pénétrons à grand'peine entre les voitures dont les conducteurs tremblants ainsi que l'escorte, demandent grâce et sont aussitôt désarmés.

Il faut un temps infini pour parvenir à se frayer un passage à travers cet enchevêtrement de voitures et de chevaux, dédale inextricable qu'on ne peut franchir qu'homme par homme. Quatorze véhicules sont ainsi dépassés, mais, pendant ce temps, la colonne prussienne poursuit sa route; déjà on entend dans le lointain le trot de sa cavalerie et le roulement des voitures lancées au galop.

Harassés de fatigue, nous étions impuissants à fournir une plus longue course; le lieutenant-colonel ordonna le retour. Les prisonniers furent placés sous bonne escorte, les voitures pourvues de conducteurs improvisés, et nous rentrâmes à Montoire aux acclamations de nos camarades qui commençaient à concevoir des inquiétudes sur notre sort.

Les prisonniers ainsi que le convoi ennemi, furent conduits au quartier de cavalerie.

Les compagnies se reformèrent et des mesures de précaution furent prises en vue d'un retour offensif de l'ennemi; à cet effet, des grand'gardes furent placées sur le chemin de Lavardin et sur la route de Château-Renault, les compagnies se partagèrent la ville et se logèrent autant que possible dans les mêmes rues pour être plus facilement rassemblées en cas d'alerte.

Les habitants de Montoire nous donnèrent avec joie le souper que les Prussiens leur avaient fait préparer pour eux-mêmes et nous firent le meilleur accueil; pendant une grande partie de la nuit, la jolie petite ville fut en liesse.

Quelques généreuses personnes étaient parties, dès la fin du combat, pour recueillir les blessés; transportés à Montoire, amis et ennemis reçurent tous les soins que réclamait leur état. Un fait triste à citer, c'est que parmi les morts et les blessés, quelques habitants des villages de Trôo et de St-Quentin, emmenés comme ôtages, avaient été frappés par nos propres balles, les Prussiens les ayant placés au premier rang pendant le combat.

Quant au lieutenant-colonel de Boltenstern, qui, dans cette journée, avait fait preuve d'une rare énergie, il s'était replié par Lavardin, Sasnières, Ambloy, avait rejoint la grande route de Tours à Vendôme et, à onze heures du soir, il était de retour à Vendôme, conduisant plus de deux cents prisonniers civils ou militaires.

Pendant ce mouvement, les Prussiens, furieux, arrêtaient et maltraitaient les habitants du pays se trouvant sur leur passage. Leur conduite fut indigne à l'égard des pauvres ôtages dont la marche était réglée par le trot des chevaux ; quelques-uns, ne pouvant plus suivre la colonne, furent roués de coups et laissés pour morts. Un vieillard de Trôo, voulant se sauver dans les bois près d'Ambloy, fut fusillé sur-le-champ (1).

(1) Voir : *Souvenirs de l'invasion allemande dans les environs de Montoire*, par M. Bourgogne, curé de Villavard. (*Bulletin de la société archéologique, scientifique et littéraire du Vendômois*, tome XV p. 36.

II

Les prises du 70e mobiles. — Anecdotes. — Le général de Jouffroy se porte sur Vendôme. — Ordre de bataille des troupes françaises. — Tentative de nuit sur la Boissière et Villiers.

Le général de Jouffroy n'apprit que bien avant dans la nuit la prise et l'occupation de Montoire

---

DÉPÊCHES OFFICIELLES DE L'ÉTAT-MAJOR FRANÇAIS ET ALLEMAND SIGNALANT LE COMBAT DE ST-QUENTIN.

Général Chanzy à ministre de la guerre, Lyon-Bordeaux.

Le Mans, 28 décembre 1870.

Le général de Jouffroy, parti hier de Bessé avec une colonne mobile pour surprendre l'ennemi à Montoire, a eu un engagement assez vif entre Fontaine, St-Quentin et Montoire. Poursuivi jusqu'à cinq kilomètres au delà de Montoire, il a laissé entre nos mains une centaine de prisonniers, des caissons, ses équipages, ses ambulances, deux officiers tués et plusieurs blessés...

Signé : CHANZY.

Versailles, 29 décembre 1870.

Le 27, le lieutenant-colonel de Boltenstern a soutenu un combat très-vif entre Montoire et La Châtre, à la tête de 6 compagnies, 1 escadron et 2 canons. A la fin l'ennemi entoura le détachement ; cependant le lieutenant-colonel de Boltenstern parvint à percer, et malgré une perte de 100 hommes, ramena prisonniers 10 officiers et 230 hommes de l'ennemi.

Signé : DE PODBIELSKI.

par le 70e mobiles. Le 28 au matin, il vint nous adresser ses félicitations et voir nos prises : onze chariots étaient chargés d'armes, de munitions, d'effets d'habillement ou d'équipement, de vivres, de grains requisitionnés, etc ; deux caissons d'artillerie, un affût et une voiture de pharmacie, mieux approvisionnée en tabac et en cigares qu'en médicaments, complétaient le butin.

Le régiment garda pour sa part deux chariots avec les attelages ; ils nous tinrent lieu de voitures régimentaires dont nous avions été dépourvus jusque là. Les vivres et effets d'habillement pouvant être utilisés, furent distribués dans les compagnies, et le reste du convoi, ainsi que les prisonniers, furent acheminés vers Le Mans.

Les correspondances du 79e prussien étaient tombées en notre pouvoir : or, les voitures ayant été quelque peu pillées par les mobiles, les moins heureux s'étaient rabattus sur un sac de lettres, espérant y trouver quelque valeur, mais leur espoir avait été vite déçu.

A ce sujet, il me revient en mémoire une lettre que nous traduisit un officier connaissant l'allemand.

C'était une *Gretchen* quelconque qui adressait d'Oldembourg sa photographie à son *liber Edward* et le remerciait de l'argent que celui-ci lui avait envoyé.

Et aussitôt quelques mobiles de s'écrier : Tiens ! messieurs les fusiliers prussiens doivent avoir bonne solde pour envoyer ainsi de l'argent à leurs belles. D'autres, plus malins, ajoutaient : « C'est tout le contraire au 70e mobiles où, sous prétexte d'améliorer l'ordinaire, on nous retient tout notre prêt, ce qui ne nous empêcherait pas de crever littéralement de faim sans les quelques sous que nous envoient nos parents. »

Une anecdote, relative à notre entrée dans Montoire :

Nous avions débouché sur la place sans y rencontrer les Prussiens et les chefs se consultaient pendant que des patrouilles parcouraient les rues avoisinantes, lorsque quelques mobiles parurent dans la rue à droite de l'église, traînant au collet deux pauvres hères qui, plus morts que vifs, se laissaient conduire en sanglottant et sans proférer une parole.

Tout à coup une voix : Malheureux ! ne maltraitez pas ces gens-là, ce sont des Français !

— Des Français ? vous voulez rire ! reprennent nos mobiles s'adressant à un sous-officier qui vient de les interpeller ainsi ; mais alors pourquoi ce costume insolite ? Et en effet, les pauvres diables étaient affublés de la livrée des pompes funèbres.

— Laissez, vous dis-je, ce sont des croquemorts !

Tableau. Les mobiles font immédiatement le vide autour d'eux.

C'étaient deux employés des pompes funèbres de Montoire qui revenaient d'un enterrement. Inutile de dire que ces braves gens oublièrent vite leurs tribulations en reconnaissant des compatriotes, car nos mobiles parlant patois, ils avaint cru être entre les mains des Prussiens.

— Vers le milieu de la journée du 28, l'ennemi vint faire une reconnaissance devant les Roches ; deux compagnies du 56e, déployées en tirailleurs dans les prés de Villavard, échangèrent quelques coups de feu avec nos soldats et regagnèrent bientôt Vendôme.

Ce même jour, le général de Jouffroy recevait l'ordre de continuer son mouvement en avant, le commandant en chef lui télégraphiait :

« Le Mans, 28 décembre 1870.

» Je vous félicite sur le résultat que vous avez » obtenu hier. Continuez à poursuivre l'ennemi, » soit sur Vendôme, soit sur Château-Renault, » selon les renseignements que vous aurez et les » chances qui se présenteront. En marchant sur » Château-Renault, vous aurez toujours, au be» soin, votre ligne de retraite sur Neuvy-le-Roy, » occupé par le général de Curten, ou sur la » Châtre, occupée par la général Barry. Si vous » marchez sur Vendôme, vous avez pour retraite » la route que vous avez suivie et celle de St-Ca» lais. Les généraux Barry et Michel, avec les» quels vous devez vous tenir en communication, » ont l'ordre de vous appuyer si vous le leur » demandez et dans la direction que vous leur » indiquerez... »

Le général de Jouffroy résolut de tenter un coup de main sur Vendôme.

En conséquence, il demanda des renforts en infanterie et en artillerie au général Barry, en cavalerie au général Michel, et, le 30, il pouvait mettre en ligne 28 bataillons d'infanterie, 4 régiments de cavalerie et 34 pièces d'artillerie (1). L'effectif total de ces forces s'élevait à peine à vingt mille hommes car tous les corps étaient considérablement affaiblis.

Le 30 au soir, les troupes françaises occupaient les emplacements qui leur avaient été désignés par le général de Jouffroy.

Le lieutenant-colonel Marty, commandant le 36e de marche, avait pris position à Epuisay, Danzé, Azay, avec son régiment, le 1er bataillon du 74e mobiles et quatre pièces de 4.

Le lieutenant-colonel Bayle du 38e de marche était établi de Fortan à Azay avec le 38e de marche, le 66e mobiles et quatre pièces de 4.

---

(1) Ordre de bataille des troupes françaises aux ordres du général de Jouffroy depuis le 30 décembre 1870 jusqu'au 9 janvier 1871 :

3e division du 17e corps.

Troupes de la 3e division du 16e corps.

1re *Brigade* : 36e et 38e de marche ; 2e *brigade* (colonel Thiéry) : 16e de ligne, 33e de marche. 3 compagnies de discipline, 32e mobiles, 4e bataillon des Bouches-du-Rhône, 1 bataillon du 74e mobiles et 66e mobiles, deux batteries de 4 et deux mitrailleuses.

Cavalerie :

2 escadrons de cavalerie légère (plusieurs armes), éclaireurs algériens, 3e cuirassiers de marche, 3e hussards et 2e chasseurs de marche.

Le colonel Thiéry occupait Savigny avec le 33e de marche, le 32e mobiles, les disciplinaires, un bataillon des Bouches-du-Rhône, quatre pièces de 4 et deux mitrailleuses.

Le 46e de marche occupait Mazangé, le 1er bataillon du 45e de marche et le 70e mobiles étaient à Lunay, le 1er bataillon de marche de chasseurs à pied à la Mazière, un bataillon du 45e de marche à la Barre et un autre aux Roches.

L'artillerie de la division (18 pièces de 4 et 2 mitrailleuses) était à la Burnaudière.

Les éclaireurs algériens occupaient Montoire, le 3e cuirassiers Savigny, le 3e hussards et le 2e chasseurs, Bessé et Lavenay, les 2 escadrons de l'escorte, Lunay.

Dès leur arrivée à Lunay, le 1er bataillon du 45e de marche et le 1er bataillon du 70e mobiles avaient reçu l'ordre de pousser plus loin et d'aller s'emparer des hauteurs de la Boissière sur le plateau de Villiers ; cette colonne, conduite par deux guides du pays, s'était mise immédiatement en marche.

Arrivés sur le plateau de Mazangé, les deux bataillons cheminaient tranquillement marchant par le flanc dans un chemin peu large qui avait nécessité cette formation lorsque, soudainement, ils furent violemment canonnés par une section d'artillerie ennemie en batterie sur le plateau de Villiers. Sans se déconcerter, ces troupes continuèrent leur marche tout en s'abritant de leur mieux, et bientôt l'ennemi, surpris par la nuit mais désormais sur ses gardes, dut cesser son feu sans leur avoir fait beaucoup de mal.

La colonne descendit avec précaution dans la petite vallée du Boulon et, à huit heures du soir seulement, elle arrivait au hameau du Briard, retardée dans son mouvement par les mauvais chemins et la proximité de l'ennemi. A peine l'avant-garde avait-elle parcouru deux cents mètres dans des vignes et au milieu d'obstacles de toute nature, qu'elle fut saluée par une vive fusillade et obligée de rétrograder, car les guides qui la conduisaient s'étaient enfuis aux premiers coups de feu. La nuit était sombre et le détachement, perdu dans les broussailles sans aucune connaissance du terrain, fut obligé de regagner Lunay où il arriva à deux heures du matin.

Dans la nuit, tous les corps reçurent des instructions pour la journée du lendemain, le mouvement sur Vendôme devait commencer dès le point du jour.

Le général de Jouffroy était plein de confiance dans le succès de son expédition ; dans la soirée, il écrivait au commandant en chef :

« ... J'espère demain pouvoir vous annoncer
» dans la soirée l'occupation de Vendôme. Toute-
» fois, quelle que soit la résistance que nous
» ayons à surmonter, je ne considère Vendôme
» que comme une étape. Si la fortune me favorise,
» si les troupes répondent aux espérances que je
» fonde sur elles, malgré la fatigue qui leur a été
» imposée, malgré une grande insuffisance dans

» les cadres, je profiterai de toutes les circons-
» tances qui se présenteront pour chasser l'enne-
» mi et le couper de ses lignes de retraite.

» Dans cette hypothèse, permettez-moi de vous
» exprimer la pensée qu'il faut que toutes les trou-
» pes dont vous pouvez disposer se préparent à
» suivre et à seconder le mouvement hardi pour
» lequel je ne constitue qu'une avant-garde. »

Cette confiance en soi et en ses troupes était peut-être un peu excessive chez le général de Jouffroy, mais, à ce moment, bien d'autres chefs pêchaient justement par un excès contraire en se laissant aller au plus profond découragement.

En prévision de notre attaque, le général de Kraats-Koschlau concentra le gros de ses forces à Vendôme et disposa son infanterie en avant de la ville, son artillerie sur les hauteurs de la rive gauche ; deux forts détachements de cavalerie, appuyés par quelques compagnies et de l'artillerie, devaient surveiller le Loir, l'un en amont, l'autre en aval de Vendôme, et tâcher d'inquiéter nos ailes pendant leur mouvement. (1).

---

(1) Ordre de bataille des forces allemandes sur le Loir, aux ordres du général de Kraats-Koschlau, depuis le 31 décembre 1870 jusqu'au 6 janvier 1871 :

Infanterie : 56e, 79e, 17e, 92, 71e, 79e, régiments d'infanterie, 9e bataillon de chasseurs à pied.

Cavalerie : 2e cuirassiers, 4e, 9e et 12e uhlans, 2 escadrons de hussards du prince Frédéric-Charles.

Artillerie : 6 batteries du 10e régiment.

Génie : 2 compagnies du 10e régiment.

III

COMBAT DE VENDOME.

(31 décembre 1870).

Plan du général de Jouffroy. — Marche et combat du 70e mobiles. — Combats de Danzé, de Bel-Air, de Courtiras, de Varennes. — Le bivouac. — La retraite.

Le 31 décembre, à sept heures du matin, tous les corps commençaient leur mouvement.

Le colonel Thiéry marchait sur Epuisay et Danzé, les colonnes Marty et Bayle se dirigeaient sur Espéreuse, la Haie du Champ, la Jousselinière, le Poirier, Bel-Air ; le 70e mobiles avait pour objectif la route d'Epuisay et la forêt de Vendôme, et le 46e de marche, à la gauche du 70e mobiles, devait se porter par le plateau sur les Tuileries et Courtiras.

Le plan du général de Jouffroy était de faire converger ses divers détachements et de concentrer la plus grande partie de ses forces sur le plateau de Bel-Air pour attaquer les retranchements élevés sur ce point par l'armée française pour la défense de Vendôme ; il croyait que les Prussiens auraient fortement armé ces retranchements et que là serait l'effort principal. Les hauteurs de Bel-Air, des Tuileries et de la Malatrie en notre possession, un détachement franchissant le Loir à Lisle, devait déboucher sur la rive gauche, par le bois de Meslay, pendant que les éclaireurs algériens, passant la rivière à Lavardin, tourneraient Vendôme pour couper la retraite à l'ennemi sur les routes de Blois et d'Oucques.

— La marche en avant du 70e mobiles s'opéra par les plateaux de Lunay et de Mazangé, puis nous traversâmes sans encombre la petite vallée du ruisseau d'Azay et continuâmes notre mouvement par le plateau de Villiers.

Le terrain coupé et montueux avait rendu jusque là la marche lente et difficile; désormais le sol plus uni, entrecoupé seulement de petits bouquets de bois au milieu des vignes, allait faciliter l'opération.

Il était dix heures du matin lorsque nous rencontrâmes l'ennemi à la hauteur de la Boissière. A ce moment le canon et la fusillade retentissaient fortement à notre gauche, l'action était générale.

Le 1er et le 3e bataillon du 70e mobiles déployés et précédés d'une forte chaîne de tirailleurs, avancèrent en bon ordre, le 3e à gauche, le 1er au centre. Le 2e bataillon, détaché depuis le matin pour escorter de l'artillerie, formait la droite et était séparé des deux autres par un intervalle assez considérable; ce dernier bataillon avait déjà eu un engagement et avait failli se faire battre près du hameau du Briard, par des forces qu'il aurait dû surprendre et enlever.

Les tirailleurs des 1er et 3e bataillons engagèrent la fusillade avec l'ennemi et le chassèrent dans la direction de Villechâtin ; la vigueur et l'entrain déployés par eux étaient tels que les bataillons, suivant à deux cents mètres en arrière, assistaient au combat sans être obligés de prendre part à l'action et sans ralentir leur marche.

Du côté du 2e bataillon, l'affaire avait été plus sérieuse.

Assaillies tout à coup, après l'avoir dépassée, par une grand'garde du 56e allemand qui s'était laissée surprendre dans un petit bois, deux compagnies, effrayées de recevoir des coups de feu sur leur flanc et presque sur leurs derrières, s'enfuient et redescendent rapidement dans la vallée où se trouvent les réserves. Quelques pièces d'artillerie partent au grand trot pour s'établir en batterie sur les hauteurs, et nos mobiles, croyant que ces pièces battent en retraite, s'élancent à leur suite. Le désordre, la confusion sont dans les rangs, mais ce mouvement de recul est de courte durée ; les capitaines Pechverty et Vergne, secondés par les officiers du bataillon, arrêtent leurs hommes. Les compagnies, bientôt reformées, reprennent l'offensive et culbutent l'ennemi qu'elles poursuivent vigoureusement.

A midi et demi, nos trois bataillons étaient sur la route, à la hauteur de la pointe sud de la forêt de Vendôme et, après s'être ralliés, continuaient leur marche en avant.

Tout à coup, débouchant d'un petit bois, nous apercevons au loin devant nous des silhouettes qui se dressent dans le ciel brumeux, semblables à des pyramides dans une plaine immense.

Une ondulation du sol cache la vallée du Loir et l'on n'aperçoit que la moitié du clocher de Vendôme qu'on ne reconnaît pas encore, élevant sa flèche au-dessus des hauteurs des deux rives ; à côté se détachent les ruines des vieilles tours.

Frappés par la beauté de ce spectacle que l'on prendrait volontiers pour un effet d'optique produit par la réflexion de la lumière sur les neiges qui recouvrent le sol, nous avançons encore et découvrons bientôt à nos pieds l'ennemi en retraite, la vallée du Loir et la ville de Vendôme.

A cette vue, une exclamation de joie part de toutes les poitrines. Comme à Layes, à Origny, à Montoire, nous allons avoir l'honneur de l'assaut et entrer les premiers dans la ville ; mais bientôt nous recevons l'ordre de ne pas pousser plus loin et d'attendre que les autres corps aient opéré leurs mouvements.

Cependant les Prussiens, inquiets de notre manœuvre, installent une nombreuse artillerie sur les hauteurs du Temple et ne tardent pas à nous canonner vigoureusement. Trois batteries font converger leurs feux sur la route d'Epuisay ; les obus bondissent, éclatent avec fracas et projettent dans l'espace leurs éclats meurtriers.

La position n'est pas tenable, nous nous jetons rapidement dans la forêt à vingt mètres à gauche, et là, désormais à l'abri des coups de l'ennemi, nous attendons, dans la neige jusqu'à mi-jambe, de nouveaux ordres.

La canonnade retentit toujours et devient de plus en plus intense. Notre artillerie répond avec vigueur à celle de l'ennemi, toutes nos pièces sont engagées, c'est un vacarme infernal, et les échos de la forêt répétant ces bruits à l'infini, en augmentent encore l'intensité.

A notre gauche, on se bat avec acharnement, à en juger par le crépitement de la fusillade. Le 66e mobiles chasse de la forêt une colonne prussienne et la rejette dans la vallée; le 36e de marche descend les pentes de Bel-Air, s'empare de Saint-Ouen, des Maisons Rouges et poursuit l'ennemi jusqu'aux premières maisons du faubourg de Vendôme, sur la route de Fréteval, où il lui fait quelques prisonniers, pendant que le 46e de marche, après avoir enlevé les Tuileries, se porte sur Courtiras, culbute les forces qui se trouvent devant lui et les poursuit à la baïonnette jusqu'à la gare du chemin de fer.

Devant nous, toutes les forces allemandes sont rejetées sur la rive gauche; à notre extrême gauche, il n'en est pas ainsi : une colonne prussienne, composée d'escadrons du 2e cuirassiers, du 9e uhlans, de deux bataillons du 17e régiment d'infanterie et d'une batterie, sous les ordres du général-major de Luderitz, commandant de la 1re brigade de cavalerie, presse vivement à Danzé un détachement de la brigade Thiéry.

Sur la rive gauche du Loir, le mouvement du colonel Goursaud, commandant les élaireurs algériens, n'avait pas abouti.

Partis de Lavardin où ils avaient passé la rivière sur un pont jeté par eux, les vaillants africains s'étaient avancés jusqu'à Villaria, par Villavard, St-Rimay, Varennes, en culbutant un détachement de cuirassiers blancs. Mais, trouvant les hauteurs de la Chaise occupées par de l'infanterie et de l'artillerie, et tournés sur leur gauche par des troupes d'infanterie et de cavalerie, ils avaient dû retourner précipitamment sur leurs pas et étaient parvenus à se dégager en exécutant une brillante charge qui avait fait beaucoup de mal à l'ennemi.

Du côté de Vendôme, les Prussiens, malmenés, croient à un assaut immédiat. Leur artillerie fait rage et balaie de ses feux la vallée du Loir entre St-Ouen et Courtiras et les routes de Fréteval et d'Epuisay. Nos troupes trop à découvert, doivent rétrograder et s'abriter dans les bois. D'ailleurs, la nuit arrive, et le général de Jouffroy envoie à tous les corps l'ordre de cesser le combat et de bivouaquer sur les positions conquises en attendant des instructions ultérieures pour l'attaque de vive force de Vendôme, qui probablement aura lieu dans la nuit.

Le froid était vif et la faim commençait à se faire fortement sentir. Nous allumâmes des grands feux au détriment des vignes du voisinage qui furent rapidement privées de leurs échalas; étendus à l'entour de ces feux, nous gelant d'un côté, rôtissant de l'autre, à défaut de soupe, nous cherchâmes à prendre un peu de repos.

Combien, durant cette nuit du premier de l'an, rêvèrent au pays, à leur bonne mère, aux parents, aux amis, dont ils étaient cruellement séparés pour remplir un noble et grand devoir : défendre le sol sacré de la patrie et chasser l'envahisseur ?

Mais aussi là-bas ; que de vœux, que de souhaits pour le prompt retour durant cette même nuit. Et ils étaient ardents, et ils étaient sincères ces vœux et ces souhaits d'un père, d'une mère, d'une tendre sœur, d'un être tout aussi cher que plusieurs ne devaient plus revoir !

— Une attaque de nuit sur Vendôme pouvait parfaitement réussir, d'autant mieux que les troupes de la 3e division ayant séjourné quelque temps dans cette ville, connaissaient parfaitement le terrain sur lequel elles étaient appelées à manœuvrer et pouvaient se guider malgré l'obscurité.

Le général de Jouffroy avait établi son quartier général à Huchepie, non loin de notre bivouac ; vers onze heures du soir, il passa sur la route ; quelques officiers l'interrogèrent sur le résultat de la journée et il répondit : « Tout va bien, j'espère que demain matin nous donnerons Vendôme à la France pour ses étrennes du jour de l'an ! Toutefois, avant de rien tenter, le général, voulant avoir des renseignements précis, envoya des espions à Vendôme. A leur retour, les espions assurèrent que la ville était occupée par des forces considérables appuyées par une puissante artillerie. En même temps, le général recevait de bien mauvaises nouvelles de son extrême gauche : le colonel Thiéry qui avait rallié fort tard à Bel-Air, avait été repoussé de Danzé et avait perdu trois pièces de canon.

En présence de ces faits, préoccupé surtout de l'échec de son aile gauche, échec qui lui faisait craindre un mouvement de l'ennemi pour le couper de sa base d'opérations, le général ne voulant rien compromettre, ordonna la retraite à deux heures du matin. De grands feux, destinés à masquer le mouvement, furent allumés et entretenus jusqu'au matin sur tout le front occupé par nos troupes.

« Cette démonstration sur Vendôme, faite avec
» avec beaucoup de vigueur par nos troupes, avait
» forcé l'ennemi à se concentrer sur ce point. Ses
» pertes, au dire des habitants, avaient été consi-
» dérables; les nôtres étaient moins sérieuses,
» grâce à l'élan de nos troupes; nous ramenions
» deux cents prisonniers et cette opération prou-
» vait aux allemands que, malgré sa retraite sur
» le Mans, la deuxième armée pouvait encore les
» inquiéter et leur tenir tête (1). »

L'ordre de retraite avait été très-mal acceuilli des troupes de droite qui, après avoir refoulé l'ennemi de toutes parts, avaient espéré mieux de leur succès de la journée et ne pouvaient guère s'expliquer ce mouvement de recul: « A quoi sert de se battre et de se faire tuer pour gagner du terrain si l'on nous fait replier ensuite? » disaient quelques soldats.

---

(1) Voir *la deuxième armée de la Loire* p. 267.

A ce sujet, qu'il me soit permis de dire qu'il n'est pas rare d'entendre de nos jours encore bien des récriminations injustes à l'endroit de nos généraux de 1870-71.

Nombre de soldats ou mobiles ayant pris part à cette guerre si désastreuse, crient bien haut à la trahison, citant pour preuves et comme pour coroborer leurs assertions, bien des faits pareils à notre retraite de ce jour. « Comment! disent-ils, nous avions complètement battu l'ennemi et, le soir venu, on nous faisait battre en retraite! »

Ainsi parlent bien des acteurs de ce grand drame, réellement convaincus de ce qu'ils avancent, mais qui par leur situation, ne pouvaient se rendre compte de ce qui se passait autour d'eux. Et, le plus souvent, le public, qui écoute avec avidité ces récits inexacts d'un combattant, se dit : « Nul mieux que lui ne peut le savoir; il y était. »

Certes, il nous est dur, à nous Français, d'avoir à avouer notre défaite ; notre amour-propre national, notre orgueil guerrier en sont vivement affectés, mais il n'est pas plus juste de crier à la trahison des chefs que ceux-ci à leur tour n'ont à invoquer la lâcheté de leurs soldats.

Ce serait, avouons-le, à faire désespérer de l'avenir de notre France, s'il n'y avait rien autre chose que des traitres ou des lâches.

IV

Situation générale. — Aspect du pays. — Reconnaissance offensive de l'ennemi. — Combat de Gué-du-Loir.

Ainsi que la précédente, l'année qui commençait ne devait pas être heureuse pour nos armes. Nos efforts, notre dévouement, étaient impuissants à sauver la patrie. La France, surprise, devait fatalement succomber dans cette lutte gigantesque et disproportionnée.

Dans les derniers jours de décembre, le temps était devenu très-rigoureux, la neige recouvrait le sol de son morne linceuil, le froid était vif et le Loir, entièrement pris, était assez résistant pour qu'on pût le franchir sur la glace.

Les populations de la Sarthe et du Loir-et-Cher nous avaient fait un excellent accueil ; aussi, malgré les souffrances d'un hiver des plus rigoureux, malgré les neiges et les tempêtes, il y avait encore de la gaieté et de l'entrain parmi nous.

Depuis le Mans jusqu'à la Braye, le terrain très-accidenté est peu productif, le sol ingrat : des landes, des sapinières, beaucoup de pommiers, et de loin en loin, des champs entourés de grandes haies, tel est l'aspect général du pays. Les habitants, profondément patriotes, ne se ressentent en rien de l'aridité de leur sol, et leurs bons procédés à notre égard contrastaient singulièrement avec le fameux : « *Nous n'avons plus ren en tout* » des habitants de la Beauce et de l'Orléanais.

La vallée du Loir, au contraire, est très fertile et les coteaux, couverts de vignes, offrent quelque similitude avec les rives du Lot. Est-ce cette ressemblance, est-ce la cordiale hospitalité que nous recevions ou bien encore le doux nectar, breuvage aimé des enfants du Quercy, qui abondait dans ces parages ? Toujours est-il que nous nous sentions davantage chez nous. Aussi les vignes de Villiers et de Gué-du-Loir furent-elles défendues avec acharnement. Mais reprenons le cours des opérations.

En quittant leurs positions autour de Vendôme, nos troupes regagnèrent les cantonnements qu'elles avaient abandonnés la veille, et occupèrent la ligne Fortan-Lunay-les-Roches-Montoire, détachant des avant-postes à quatre ou cinq kilomètres en avant de ce front, du côté de Lunay, Mazangé et Azay.

Le 70e mobiles, chargé de protéger la retraite et de contenir au besoin l'ennemi, s'était arrêté à Villiers où il avait passé le reste de la nuit ; à six heures du matin, le régiment était de retour à Lunay après avoir laissé à Gué-du-Loir quatre compagnies du 1er bataillon. Ces compagnies, sous les ordres du commandant Guiraudies, avaient mission d'occuper le plateau de Villiers que le général de Jouffroy voulait conserver en vue d'opérations ultérieures.

Le commandant Guiraudies plaça deux compagnies en grand'garde sur le plateau et cantonna les deux autres dans le village de Gué-du-Loir, situé à la pointe sud du plateau, sur le flanc et au pied des hauteurs.

Le 1er janvier, dès que le jour parut, les prussiens ouvrirent un feu terrible d'artillerie sur les positions que nous avions abandonnées dans la nuit. Trompés par nos feux, ils s'acharnèrent, une heure durant, à tirer sur les plateaux calmes et silencieux de Huchepie, des Tuileries et de Bel-Air. Finalement, ils envoyèrent des reconnaissances dans les directions de Villiers, Azay et Espéreuse..

Il était dix heures du matin lorsque nos sentinelles avancées aperçurent au loin devant elles une colonne de cavalerie en marche ; c'était un escadron du 12e uhlans qui venait nous reconnaître.

La colonne s'arrête à Villiers ; de là, de petits groupes de cavaliers poussant sur le Gué-du-Loir, par la route et par le plateau, vinrent avec une audace inouie jusqu'à 50 mètres des sentinelles qui, en raison de cette assurance, les prenant pour des lanciers français, ne firent pas feu sur eux.

Toutefois, un mobile voulant en avoir le cœur net, interpella l'un de ces cavaliers et celui-ci, s'avançant plus encore, lui répondit en déchargeant son revolver et tourna bride aussitôt. Le mobile ne fut pas atteint et le cavalier avait à peine parcouru trente mètres qu'il payait de sa vie sa folle témérité.

Désormais l'éveil était donné ; les postes avancés tiraillèrent sur les uhlans qui s'enfuirent à toute bride, rejoignirent leur escadron à Villiers et la colonne, désormais fixée sur l'emplacement que nous occupions, regagna Vendôme.

Vers une heure de l'après-midi, la fusillade retentissait de nouveau sur le plateau de Villiers; cette fois, l'ennemi se présentait en forces, deux bataillons du 79e et un escadron de uhlans venaient exécuter une reconnaissance offensive.

Les compagnies de grand'garde résistèrent de leur mieux au premier choc, pendant que les deux autres compagnies en train de cuisiner dans le Gué-du-Loir, abandonnaient précipitamment marmites et gamelles pour courir aux armes; quelques instants après, le commandant Guiraudies était sur le plateau aux prises avec l'ennemi avec tout son monde.

La fusillade continua quelque temps sans indiquer une offensive sérieuse de la part de l'ennemi; mais, vers trois heures du soir, des forces assez considérables s'avancèrent sur le hameau du Briard pour reconnaître la vallée du ruisseau d'Azay (le Boulon), et les hauteurs de Lunay et de Mazangé. Le feu de nos tirailleurs fut impuissant à arrêter la marche de cette colonne.

Rien n'était encore compromis, mais la situation pouvait devenir très critique. En effet, devant nous et sur notre flanc gauche, l'ennemi en forces; à droite le Loir et sur nos derrières le Boulon, que nous ne pouvions franchir que par le pont de Gué-du-Loir. La cavalerie ennemie en position près de Villiers, pouvait nous fermer en un tour de galop cette dernière issue.

Le commandant Guiraudies n'hésita pas à ordonner la retraite. Les compagnies franchirent rapidement la vallée et allèrent s'établir solidement sur le versant opposé, à la hauteur de la Bonaventure, pendant qu'une faible chaîne de tirailleurs contenait un instant l'ennemi, puis se repliait à son tour.

A ce moment, un officier de l'état-major de la division, envoyé au bruit de la fusillade par le général de Jouffroy, pour juger *de visu* de la situation, arriva sur le terrain de l'action.

Après quelques explications avec le commandant Guiraudies, on se décida à réoccuper le plateau que nous venions d'abandonner. L'opération commença immédiatement et fut conduite avec tant de vigueur que, en moins d'une demi heure, nous avions reconquis nos positions. L'ennemi, il est vrai, résista faiblement et se retira à notre approche. Néanmoins, comme la nuit arrivait, toutes les précautions furent prises en prévision d'une nouvelle attaque : deux compagnies restèrent en grand'garde sur le plateau ; les deux autres allèrent prendre leurs cantonnements dans le village, avec ordre de se tenir prêtes à se porter au feu au premier signal.

A huit heures du soir, les prussiens allumèrent des feux à six cents mètres de nos grand'gardes, près de la Boissière; pendant la nuit, un officier s'acheminant avec précaution vers ces feux, constata qu'ils étaient abandonnés.

V

Exactions des Prussiens à Villiers. — Des mobiles du Lot traversent les lignes prussiennes. — Expédition burlesque.

Entre nos avant-postes de Gué-du-Loir et ceux de l'ennemi à Montrieux, se trouvait le bourg de Villiers, situé pour ainsi dire dans une zone neutre.

Dans la matinée du 2 janvier, une patrouille prussienne vint piller et réquisitionner dans le bourg, et un de ses officiers s'oublia jusqu'à frapper de sa cravache le maire de la commune parce que, les habitants n'ayant pu réunir les contributions exigées, ce digne magistrat s'était permis de lui adresser de justes observations à ce sujet.

Il me souvient encore des accents émus de ce vaillant homme lorsque, errant à l'aventure et craignant pour sa vie, après cette outrageante humiliation, il vint nous raconter, à Gué-du-Loir les agressions inqualifiables dont lui et ses administrés étaient l'objet de la part de l'ennemi.

A huit heures du soir, un officier d'ordonnance du général de Jouffroy fut envoyé à Gué-du-Loir pour avoir quelques renseignements : savoir notamment les forces approximatives de l'ennemi occupant Vendôme, et l'état des ponts de cette ville. On ne pouvait guère connaître ces détails qu'en allant sur les lieux, car les habitants de ces parages, ne se souciant pas de traverser les lignes ennemies, n'entretenaient aucun commerce avec Vendôme. Le commandant Guiraudies fit un appel à des volontaires; un officier et un sous-officier s'offrirent aussitôt et, déguisés en paysans, ils allèrent à Vendôme, d'où ils rapportèrent les indications demandées. Dans la même soirée, un capitaine du régiment partit de Lunay pour remplir la même mission (1).

En vue de châtier et de rendre moins audacieux les pillards allemands, le général de Jouffroy, sans toutefois donner des ordres pour cela, invita le commandant Guiraudies à réunir quelques volontaires qui, sous la conduite d'un officier, iraient de grand matin s'embusquer dans Villiers et fusilleraient à bout portant les Prussiens à leur arrivée dans le bourg.

Au reçu de ces instructions, le commandant fit appeler un officier, qui voulut bien se charger de l'opération, et choisit immédiatement parmi ses hommes ceux qu'il comptait emmener avec lui, sans leur expliquer le but de l'expédition qu'ils allaient entreprendre.

En conséquence, le 3 janvier, à six heures du

(1) Lieutenant Courtil, sergent-major Darnis et capitaine Arnal.

matin, vingt mobiles et un officier quittaient en partisans le Gué-du-Loir, s'acheminant vers Villiers. A six heures et demie, la petite troupe était à l'entrée du village.

Un habitant, déjà levé, était sur le seuil de sa porte ; l'officier le mit rapidement au courant de la mission qu'il venait remplir et lui demanda quelques renseignements. Pour toute réponse, ce brave homme courut aussitôt chercher un fusil caché dans sa maison, demanda à faire partie de l'expédition et se mit en devoir de la conduire à un endroit très-propice, disait-il. C'était un rocher creux dominant la route au centre du village ; les Prussiens, obligés de passer par là, avaient coutume de s'arrêter à cet endroit. En cas d'échec, la retraite sur les grand'gardes était presque assurée.

L'ennemi ne s'était pas encore montré dans le village, mais il fallait se hâter, car il ne pouvait tarder à paraître ; les volontaires, conduits par leur guide, s'engagèrent résolument sur la route qui forme la principale rue du bourg pendant qu'une patrouille prussienne pénétrait dans Villiers du côté opposé.

L'air du matin était vif et le froid très-rigoureux; aussi, nos mobiles avaient les mains dans les poches et portaient l'arme à la bretelle. Quelques-uns, ayant passé deux nuits en grand'garde, tombaient de sommeil et dormaient à demi sans se rendre compte de leur situation.

Il faisait nuit encore, la neige assourdissait le bruit des pas et tout était calme dans le bourg, lorque tout à coup, la rue faisant un détour, les mobiles se heurtèrent à la patrouille ennemie également en marche.

Werdad? Halte-là! crient simultanément les officiers de chaque parti et les deux troupes, surprises, ahuries toutes deux, restent un instant confondues pêle-mêle au milieu de l'obscurité; puis, les Prussiens faisant brusquement demi-tour, s'enfuient à toutes jambes. Dans ce mouvement, leurs armes s'entrechoquent et nos mobiles, croyant qu'ils sont chargés, se sauvent également et gagnent rapidement le Gué-du-Loir, comptant avoir à leurs trousses toute l'armée du prince Frédéric-Charles.

Il ne resta dans Villiers que l'officier, un sous-officier et le guide qui, au premier rang dans la rue, avaient parfaitement distingué ce qui se passait autour d'eux, mais n'avaient pu retenir les mobiles.

Ainsi se termina cette burlesque expédition qui eût été couronnée d'un entier succès si les mobiles fussent arrivés une demi heure plus tôt à Villiers.

D'après des habitants accourus après la fuite des Prussiens, leur patrouille ne se composait que d'une trentaine d'hommes, déjà essoufflés avant de sortir du bourg.

VI

Le général de Jouffroy prépare une nouvelle attaque sur Vendôme. — Reconnaissance offensive exécutée par le 70e mobiles. — Combat de Villepou. — Insouciance des mobiles au feu. — Lettre de félicitations du général de Jouffroy.

Malgré l'insuccès de sa première tentative, le général de Jouffroy n'abandonnait pas ses projets sur Vendôme ; tout au contraire, sa seule preoccupation était de s'emparer de cette ville. A la suite du combat du 31 décembre, des renforts avaient été envoyés de Blois au général de Kraatz-Koschlau, mais, de notre côté, nous pouvions mettre en ligne des forces bien autrement supérieures : avec les troupes du général Barry, établies de Château-du-Loir à Pont-de-Braye, et celles que le général de Curten avait amenées ou ralliées à Château-Renault, l'armée française comptait trente-cinq mille hommes environ sur le Loir.

Le 2 janvier, le général de Curten disposant d'une douzaine de mille combattants, s'était avancé jusqu'à St-Amand, d'où, en appuyant sa gauche au Loir pour se lier intimement aux troupes de Jouffroy opérant sur la rive droite, il pouvait coopérer très-efficacement à un mouvement sur Vendôme, mouvement qui, vigoureusement exécuté, eut amené l'évacution de cette ville.

Malheureusement, le général de Jouffroy, qui avait la direction générale des opérations, avait trop compté sur ses propres forces, ce qui lui avait fait négliger de s'entendre pour une action commune avec les troupes appelées à le seconder (1). Les diverses fractions de l'armée française, opérant isolément et sans homogénéité, n'obtinrent pas de grands résultats et les Allemands, qui s'apprêtaient à reprendre l'offensive et à marcher sur le Mans, ne tardèrent pas à reconnaître que la direction de ces fractions manquait d'unité (2).

En vue d'un prochain mouvement sur Vendôme, le général de Jouffroy prescrivit des reconnaissances offensives sur tout le front en avant de sa ligne pour savoir si l'ennemi se concentrait ou se retirait de la vallée du Loir. Parmi ces opérations, les plus sérieuses et qui rapportèrent le plus d'indications, furent incontestablement celles exécutées, les 4 et 5 janvier, par le 70e mobiles sur le plateau de Villiers (3).

Le 4, le 70e mobiles quitta Lunay vers dix heures du matin et se porta sur Villiers ; les postes avancés de Gué-du-Loir suivirent le mouvement.

Cette opération délicate pouvant amener une conflagration générale, tous les corps reçurent l'ordre de rester sous les armes, prêts à toute

---

(1) Voir *la deuxième armée de la Loire* p. 275.

(2) Voir de Goltz, *Die Sieben Tage bei le Mans.*

(3) Voir *la deuxième armée de la Loire*, p. 271.

éventualité jusqu'au retour de la reconnaissance ; des cavaliers attachés au lieutenant-colonel Delgal furent échelonnés sur le parcours pour tenir le général en communication incessante avec le 70e mobiles.

Habilement conduit, le régiment, en ligne de bataillons en colonnes et précédé d'une forte chaîne de tirailleurs, offrait ce jour-là un coup-d'œil vraiment splendide. La marche était souvent arrêtée pour donner aux éclaireurs le temps de fouiller plus au loin le pays ; enfin, ces derniers rencontrèrent un avant-poste ennemi entre la Boissière et Vaucroix. Quelques Prussiens furent surpris et faits prisonniers, les autres s'enfuirent à notre approche.

Aux premiers coups de feu, le 30e d'infanterie prussienne évacua en toute hâte le village de Montrieux où il était cantonné, et se porta sur le plateau au secours de ses grand'gardes. Une colonne s'avança à notre rencontre, mais nos tirailleurs, renforcés, la culbutèrent assez vivement jusqu'au delà de Vaucroix.

Cependant, les Prusslens, rejetés dans le hameau de Villepou, s'établirent fortement sur ce point et commencèrent sur nous une assez vive fusillade ; mais nos trois bataillons avaient pu se déployer sous les balles et parvenir presque impunément, grâce à de petits bouquets de bois, à une distance très-rapprochée de l'ennemi. Aussitôt toute notre ligne, se démasquant brusquement, ouvrit à la fois le feu ; les compagnies, disposées en arc de cercle, firent converger leurs coups sur le hameau de Villepou et le criblèrent de balles : c'était un vacarme épouvantable, on eût dit deux divisions entières aux prises (1).

Au plus fort de l'action, un lièvre, surpris au gîte, traversa le front des bataillons. A ce moment, la gaieté et l'entrain étaient tels, que les compagnies abandonnèrent un instant l'ennemi pour tirer sur ce malheureux animal, qui, peu habitué à cette musique, courant tantôt vers l'ennemi, tantôt vers nous et, ne sachant à qui entendre, finit, en bon français qu'il était, par aller se jeter dans les jambes d'un groupe de nos tirailleurs, qui le retinrent prisonnier de guerre.

Cependant, nous étions impatients de marcher sur Villepou. Des cris : « à la baïonnette ! » se faisaient entendre sur tout notre front, et les Prussiens qui avaient perdu du monde, abandonnaient déjà la position et se repliaient sur le Haut de Montrieux, mais le lieutenant-colonel Delgal ayant terminé sa mission, fit cesser le feu et donna le signal du retour.

A la nuit, le 70e mobiles avait repris ses cantonnements de Lunay et de Gué-du-Loir, quatre compagnies du 2e bataillon étaient restées dans ce dernier village pour remplacer celles du 1er.

---

(1) Nos mobiles avaient le défaut d'user très-rapidement leurs munitions, et cela sans nécessité, le plus souvent ; pendant une action, chacun tirait avec rage jusqu'à épuisement complet des cartouches.

Dans cette affaire, nous avions eu quelques blessés, mais en bien petit nombre.

Cette reconnaissance avait été remarquablement exécutée, aussi, dès le retour, le général de Jouffroy adressait ses félicitations au régiment par la lettre suivante qu'il écrivait au lieutenant-colonel Delgal (1) :

« Lunay, le 4 janvier 1871,

» Mon cher colonel,

» Je suis enchanté de la manière dont votre » régiment a été conduit par vous-même et a exé» cuté sous vos ordres une forte reconnaissance » offensive.

» Veuillez témoigner ma satisfaction à tous.

» Je viens de demander par un télégramme au » général Chanzy que les récompenses méritées » soient accordées le plus tôt possible aux mili» taires de la division.

» Sentiments bien dévoués.

» *Signé* : Général de JOUFFROY. »

---

(1) Voir : *Lettres sur la mobile du Lot*, p. 56

VII

Nouvelle reconnaissance du 70e mobiles sur le plateau de Villiers. — Combats de Villiers, de Vaucroix, de Villepou. — Une cour martiale. — Disposition des troupes françaises le 5 au soir. — La 2e armée allemande reprend sa marche offensive et se concentre sur le Loir.

Le 5, le général de Jouffroy recevait du commandant en chef des instructions et des renseignements. « Il serait très-bon, lui écrivait le gé- » néral Chanzy, que vous pussiez par votre atti- » tude et des coups de main, amener l'ennemi » à évacuer Vendôme, ainsi que vous paraissez » l'espérer; mais, je le répète, vos mouvements » ne doivent pas engager des opérations en de- » hors de celles qu'il est utile d'entreprendre et » que je puis seul déterminer. Soyez sûr que vos » propositions sont chaudement appuyées par » moi, et que je serais heureux de les voir réus- » sir, pour vous prouver, à vous et à vos troupes, » toute ma satisfaction (1). »

Le général de Jouffroy ayant décidé de faire le lendemain une démonstration sérieuse sur Vendôme, prescrivit de nouvelles reconnaissances. Le 70e mobiles reçut l'ordre de renouveler l'opération de la veille, mais cette fois les Prussiens, prévenus

(1) Voir *la 2e armée de la Loire*, p. 547.

par notre attaque et désormais sur leurs gardes, occupaient fortement Villiers et les hauteurs de la Boissière.

Arrivé à Gué-du-Loir, le régiment se fractionna en deux colonnes. Les deux premiers bataillons opérèrent leur mouvement sur le plateau exactement comme la veille, tandis que le 3e suivait la route longeant les hauteurs et enlevait Villiers presque sans coup férir. La manœuvre des deux premiers bataillons, menaçant de tourner le bourg, avait amené les Prussiens à l'évacuer promptement.

Les bataillons, continuant leur marche par le plateau, ne tardèrent pas à se heurter à des forces considérables ; le lieutenant-colonel Delgal dut engager tout son monde.

L'ennemi très-tenace se défendait avec beaucoup de vigueur et ne cédait le terrain que pied à pied ; le 30e prussien avait été renforcé de quelques compagnies du 79e et il nous fallut de grands efforts pour parvenir à réoccuper nos positions de la veille près de Villepou où l'ennemi s'était retranché.

Les créneaux, les meurtrières pratiquées dans les murs et les toits vomissaient la fusillade ; de notre côté le feu était également très-intense.

Déja le lieutenant-colonel Delgal avait donné le signal de l'assaut et les compagnies, s'avançant bravement sous les balles, voyaient l'ennemi plier et ralentir son feu, lorsque, soudain, une vive fusillade vint retentir sur nos derrières. C'était une de nos compagnies laissée à Gué-du-Loir qui tiraillait sur des uhlans en reconnaissance dans la partie du village située sur la rive gauche du Loir.

A ce moment, l'anxiété fut grande, et le lieutenant-colonel craignant d'être pris entre deux feux, ordonna aussitôt la retraite.

Ce mouvement exécuté avec promptitude, eut lieu dans le plus grand ordre : les Prussiens, trop malmenés, ne songèrent pas à nous poursuivre.

Au retour, le général de Jouffroy adressait de nouveaux éloges au régiment pour sa belle conduite dans cette opération.

Ce même jour, une cour martiale avait été convoquée au quartier général à Lunay pour juger deux habitants du pays prévenus du crime d'espionnage. Des cavaliers arabes, qui faisaient tous les jours une chasse des plus actives aux coureurs ennemis, avaient arreté ces paysans au hameau de la S..., où la rumeur publique les accusait d'entretenir des intelligences avec l'ennemi et de lui fournir des renseignements sur nos mouvements.

Un chef d'escadron, deux capitaines, un lieutenant et un sous-officier, tous ayant voix délibérative, composaient la cour ; un sergent-major remplissait les fonctions de greffier.

Le président procéda à l'interrogatoire des accusés qui, bien entendu, se gardèrent bien d'avouer leur culpabilité; il n'y avait ensuite comme témoins que les éclaireurs algériens et ceux-ci ne sachant même pas s'exprimer en français, ne purent fournir aucune preuve.

Après l'audition des témoins et des accusés, le président posa à chacun des juges la question suivante : « Au nom de la patrie envahie, reconnaissez-vous le nommé N..., coupable du crime d'espionnage et de trahison ?

Et à cette demande, les juges devaient répondre *Oui* ou *Non*. Si la réponse était affimative, les coupables étaient fusillés quatre heures après le prononcé du jugement ; dans le cas contraire, ils étaient relaxés immédiatement ; pas de milieu, pas de circonstances atténuantes ; les sentences des Cours Martiales étaient sans appel.

Les deux prévenus déclarés non coupables furent mis en liberté.

Cette procédure expéditive, ces jugements et ces exécutions sommaires avaient quelque chose de profondément imposant ; on sentait que la France en péril avait le suprême devoir de frapper rapidement, et avec la dernière rigueur, les traîtres et les espions.

Dans la soirée, des mouvements de troupes faisaient pressentir une action générale pour le lendemain : à gauche, le 1er bataillon du 74e mobiles et le 66e mobiles allaient occuper le village d'Espéreuse et la forêt de Vendôme ; le 16e de ligne, le 33e de marche, le 4e bataillon des Bouches-du-Rhône, le 32e mobiles, trois compagnies de discipline et trois pièces de canon prenaient position sur les hauteurs depuis Azay jusqu'à la Fosse-Courtin. Au centre, le 46e de marche et le 70e mobiles occupaient Mazangé et le Gué-du-Loir, les 36e et 38e de marche Lunay, l'artillerie de la 3e division en arrière du village, et enfin, à droite, le 1er bataillon de chasseurs à pied de marche, le 45e de marche et une batterie étaient établis sur les hauteurs des Roches, les éclaireurs algériens à Montoire.

La cavalerie et les convois étaient en arrière sur la Braye.

Du côté des Allemands, la 2e armée et l'armée du grand-duc de Mecklembourg avaient repris, le 3 janvier, leur marche offensive, et le 5 au soir, les différents corps de la 2e armée atteignaient la ligne du Loir : le 9e corps, Morée, le 3e, Villetrun et Villeromain près de Vendôme ; la 19e division et une nombreuse cavalerie ayant pour objectif Montoire, formaient la gauche allemande du côté de St-Amand-Lancé-Gombergean.

Le général de Jouffroy ne connaissait de la concentration de l'armée du prince Frédéric-Charles qu'un mouvement de troupes sorties de Blois, le 4 au matin, pour se porter dans la direction de Château-Renault, ce qui l'avait engagé à marcher de nouveau sur Vendôme pour opérer une diversion en faveur du général de Curten.

Dans la nuit du 5, de petites colonnes, mettant à profit les renseignements recueillis par les reconnaissances, chassèrent de leurs positions plusieurs avant-postes ennemis ; des instructions furent envoyées à tous les corps avec une direction générale pour la retraite sur la Braye, en cas d'échec.

VIII

JOURNÉE DU 6 JANVIER 1871.

Une grand'garde du 70e mobiles est surprise par l'ennemi. — Les 3e et 10e corps allemands marchent sur nos positions. — Dispositions de défense prises par le colonel Thiéry. — Combats d'Azay et de la Galette. — Combat de Gué-du-Loir. — Le 70e mobiles soutient une lutte acharnée. — L'ennemi s'empare de Mazangé. — Combat des Roches. — Le 10e corps allemand force le passage du Loir à Lavardin et se porte sur Montoire. — Retraite générale. — Savigny.

Le 6 janvier, le combat s'engage dès le matin par quelques escarmouches d'avant-postes tout à notre avantage du côté de la forêt de Vendôme, tandis qu'à Gué-du-Loir, une reconnaissance ennemie tombe à l'improviste sur les grand'gardes du 70e mobiles, au hameau du Briard. Une compagnie du 2e bataillon avait négligé de prendre les précautions que comportait la situation et s'était établie comme au bivouac. Ses petits postes insignifiants et trop rapprochés de la grand'garde, se laissent surprendre ; ils ont à peine le temps de signaler l'approche de l'ennemi que nos mobiles sont fusillés presque à bout portant.

Le capitaine Lafon est frappé mortellement à sa sortie de la maison où il a imprudemment passé la nuit, le sous-lieutenant Souilhac est très-grièvcment blessé, quelques mobiles sont blessés et faits prisonniers, les autres se replient en désordre sur le Gué-du-Loir.

Cependant la compagnie de grand'garde au sud du plateau, se déploie rapidement en tirailleurs et oppose une énergique résistance ; le capitaine Pechverty accourt avec du renfort et les Prussiens, repoussés, regagnent la Boissière et Villiers.

Vers dix heures, l'ennemi revient à la charge avec des forces supérieures. Le 2e bataillon soutient vaillamment le choc ; toutefois, vivement pressé, il recule pas à pas jusqu'à la crête du plateau où, par un vigoureux effort, quelques compagnies parviennent à se maintenir jusqu'à l'arrivée de quelques compagnies des 1er et 3e bataillons venant de Lunay ; le commandant Guiraudies envoie aussitôt du secours aux combattants et nos mobiles, s'élançant bravement sur l'ennemi, le culbutent et regagnent rapidement le terrain perdu.

Bientôt le 46e de marche accourt au combat et prend position au Briard, des troupes des 36e et 38e de marche couronnent les hauteurs de Vauchalupeau, deux pièces de 4 et deux mitrailleuses se mettent de la partie, et les Allemands sont de nouveau rejetés sur Villiers.

Jusqu'à ce moment, les troupes françaises n'avaient eu en leur présence qu'un faible rideau de troupes de la 20e division du 10e corps, dont le gros se portait sur les Roches, pendant que la 19e division du même corps marchait sur Montoire par la route d'Ambloy-Sasnières. Mais à 10 heures, le 3e corps tout entier vient remplacer les détachements de la 20e division et débouche sur deux colonnes : la 6e division qui vient de traverser le Loir à Meslay marche sur Azay par la route d'Epuisay, et la 5e, après avoir passé la rivière à Vendôme, se dirige sur Villiers par le chemin de Montrieux (1).

La colonne de droite entre la première en ligne, la 11e brigade en tête.

A l'approche de l'ennemi, le colonel Thiéry prend rapidement ses dispositions de défense : il établit une chaîne de tirailleurs sur le plateau en avant des fermes de la Merdlière, la Charbonnerie, Vau-Mareau, jusqu'au ravin du Plessis ; un bataillon est placé au nord de la forêt vers la ferme Georgeat,

---

(1) Ordre de bataille du 3e corps allemand :

Commandant : De Alvensleben II, lieutenant-général.

5e divis. d'infant. Lieutenant-gén.l De Stulpnagel.	9e brigade, Gén.l-maj. de Doering.	8e grenadiers. 48e d'infanterie.
	10e brigade, Gén.l-maj. de Schwerin.	12e grenadiers. 52e d'infanterie.

Corps affectés à la division : 3e bataillon de chasseurs, 12e régiment de dragons.

6e divis. d'infant. Lieutenant-gén.l de Buddenbrock.	11e brigade, Général-maj. de Rothmaler.	20e d'infanterie. 95e id.
	12e brigade, Colonel de Bismarck.	24e id. 64e id.

Attaché à la division : 2e bataillon de chasseurs.

Artillerie : 3e régiment d'artillerie de campagne.

Génie : 3e bataillon du génie.

Train : 3e bataillon du train.

avec mission de se jeter résolûment sur le flanc droit de l'ennemi lorsque celui-ci aura repoussé nos tirailleurs ; le village d'Azay est occupé par quelques compagnies; les compagnies de discipline sont établies sur les hauteurs au nord et à l'ouest du moulin de la Galette et doivent défendre le passage du pont ; trois pièces de 4 sont placées en batterie en haut de la côte ; ces pièces, dont les caissons sont presque épuisés, reçoivent l'ordre de ne pas répondre à l'artillerie ennemie mais de réserver leurs munitions pour les groupes d'infanterie le plus en vue ; enfin, le reste de la brigade Thiéry est disséminé sur les pentes et les hauteurs de la rive droite.

Vers dix heures et demie, le combat s'engage sérieusement. Le général de Rothmaler détache six compagnies sur la lisière du bois, et nos tirailleurs, après avoir soutenu un très-vif engagement dans lequel un bataillon du 35e allemand subit de grandes pertes, doivent abandonner la forêt. Six compagnies du 20e régiment et deux bataillons du 35e se portent ensuite sur les fermes de la Merdlière et la Charbonnerie, s'en emparent et continuent leur mouvement sur le ravin d'Azay, lorsque, attaquées à l'improviste sur leur flanc droit par le bataillon posté à la ferme Georgeat, les troupes prussiennes reculent en toute hâte jusqu'à la Briochetterie où elles attendent l'arrivée de la 12e brigade et de l'artillerie.

A midi, la 11e brigade, appuyée par une batterie, se porte de nouveau en avant ; bientôt de nouvelles pièces viennent renforcer l'assaillant : les obus pleuvent sur nos soldats qui, néanmoins, ne cèdent le terrain que pied à pied ; ce n'est qu'avec les plus grands efforts que les Allemands parviennent à se rendre maîtres des hauteurs de la rive gauche.

A plusieurs reprises, l'ennemi essaie de forcer le passage du pont, mais là il se heurte vainement contre les compagnies de discipline dont la conduite est héroïque.

A quatre heures du soir, la 11e brigade tente un nouvel effort sur nos positions ; deux batteries secondent ce mouvement. Après un combat acharné dans lequel le général de Rochmaler est grièvement blessé, nos soldats sont entièrement rejetés sur la rive droite ; mais l'ennemi ne parvient à forcer le passage qu'en tournant la position par le nord. Six compagnies du 20e régiment enlèvent le village d'Azay vaillamment défendu par deux compagnies, d'autres troupes se précipitent à leur suite, franchissent le vallon et s'emparent de la crête du plateau au sud-ouest du village.

Cependant, le colonel Thiéry rassemble ses troupes pendant que ses trois pièces tirent à mitraille sur la colonne qui vient de franchir le vallon et il reprend bientôt l'offensive. La lutte est vive, mais les Allemands sont repoussés et rejetés au-delà du ravin ; pendant ce mouvement de recul, les compagnies de discipline, entourées un instant de toutes parts, sont obligées de faire feu de plusieurs côtés, soit sur les troupes qui s'enfuient, soit sur celles de la 12e brigade qui viennent à leur secours. Le sang-froid, la solidité, le courage des disciplinaires sont admirables ; ces braves soldats profitent du désordre de l'ennemi pour lui infliger des pertes énormes.

Malgré cet avantage, le colonel Thiéry est bientôt obligé de se replier en arrière de la crête, devant le feu très-violent des batteries allemandes ; mais l'ennemi, maltraité, n'ose franchir de nouveau le ravin, et le combat cesse à la nuit, chacun gardant ses positions.

Durant ce combat, le colonel Thiéry n'avait disposé que de deux mille cinq cents hommes environ ; les troupes placées à son extrême gauche du côté d'Espéreuse, n'avaient eu à soutenir qu'un engagement de peu d'importance.

Pendant que les choses se passaient ainsi vers Azay, la lutte était plus vive encore au centre.

Dès l'arrivée à Villiers de la 5e division prussienne, le général de Stulpnagel porte en avant la 9e brigade, et ces troupes s'avancent sur le Gué-du-Loir par le plateau et par la route. Six compagnies du 48e allemand se heurtent bientôt aux compagnies du 70e mobiles, établies en tirailleurs à la hauteur du chemin du Briard au Gué-du-Loir, et le combat s'engage avec acharnement de part et d'autre. Nos tirailleurs, bien postés, abrités par des tas de pierres, des murs de séparation ou autres obstacles, se maintiennent énergiquement et font beaucoup de mal à l'ennemi dont le feu quoique très-intense, a peu de prise sur notre ligne.

Vers midi, les Allemands augmentant en nombre, font une démonstration sur le Briard et pressent vivement les compagnies du 46e de marche qui défendent cette position, pendant qu'une autre colonne cherche à contourner le plateau au sud pour couper la retraite aux compagnies du 70e mobiles.

D'un coup d'œil rapide, le commandant Guiraudies mesure toute l'étendue du péril ; à la manœuvre menaçante des bataillons ennemis, il prévoit que nous allons être enveloppés et que la retraite va devenir très-difficile si l'ennemi enlève le Gué-du-Loir. En conséquence, il ordonne à quatre compagnies d'occuper solidement le Gué-du-Loir pendant que le reste du régiment est établi en réserve par le colonel Delgal sur les pentes de la rive droite du ruisseau d'Azay, à l'ouest de la Bonaventure. Au-dessus, deux mitrailleuses et deux pièces de 4 sont en batterie sur la crête du plateau.

Pendant que s'exécutent ces mouvements, les Allemands, appuyés par quelques pièces en batterie au nord de la Haute-Boissière, prononcent carrément leur attaque, mais la résistance est opiniâtre : nos tirailleurs n'ont qu'à tirer au hasard, dans le tas, pas une de leurs balles n'est perdue. Au sud du plateau, les grenadiers du 48e hésitent un moment et doivent être enlevés par leurs officiers.

Cependant, au Briard, le 46e de marche perd du terrain, et alors, nos compagnies, débordées, gagnent la crête du plateau tout en combattant et descendent rapidement ensuite dans le vallon; quelques mobiles, plus pressés, sautent le Boulou; les autres vont franchir le ruisseau sur le pont du Gué-du-Loir.

Au moment où l'ennemi victorieux paraît sur la crête, poussant déjà des hourras de triomphe, nos pièces et nos réserves lui envoient quelques salves d'obus, de balles et de mitraille qui tempèrent de suite son enthousiasme et l'arrêtent net. Foudroyés, les Allemands s'enfuient en désordre, abandonnant de nombreux blessés; le feu cesse un instant et des mobiles peuvent encore remonter sur le plateau de Villiers pour recueillir des camarades blessés pendant le dernier mouvement de recul.

A deux heures du soir, toutes nos troupes ont franchi le ruisseau et sont établies sur les hauteurs de la rive droite depuis Vauraçon jusqu'à Glouseaux. Le 70e mobiles occupe le versant du plateau au sud du ruisseau de Mazangé; ses compagnies, déployées en tirailleurs, s'étagent en plusieurs lignes superposées avec une réserve en arrière de la crête; à gauche, les hauteurs au sud-est de Mazangé et celles de Vauchalupeau sont occupées par le 46e de marche et des troupes du 36e et du 38e de marche.

L'ennemi, revenant à la charge avec du canon, montre de nouveau sa tête de colonne; bientôt la 5e division se masse tout entière en avant de la Boissière; ses lignes s'échelonnent dans un ordre admirable ; on peut suivre parfaitement de l'œil les mouvements des bataillons exécutés avec beaucoup de précision.

Le général de Jouffroy, prévoyant que c'est par le Gué-du-Loir que l'ennemi va prononcer son attaque, envoie renfoncer la position occupée par le 70e mobiles, par deux batteries (20e du 8e et 20e du 12e) qui commencent immédiatement le feu et font des ravages épouvantables dans les rangs de l'ennemi. La distance qui nous sépare est assez rapprochée pour pouvoir distinguer très-nettement ce qui se passe dans les colonnes allemandes et les ravages qu'y fait notre artillerie ; chaque obus tombant au milieu des bataillons provoque un grand désordre, et l'on voit les officiers se démener vivement pour maintenir leurs hommes.

Cependant une batterie allemande établie près du Briard riposte à nos pièces et à nos mitrailleuses ; de nouvelles pièces sont installées par l'ennemi et il s'engage un violent combat d'artillerie.

Tout à coup de grands cris retentissent sur le plateau de Villiers : le prince Frédéric-Charles, arrivé sur le lieu du combat, vient de donner l'ordre de presser l'attaque et de forcer la position coûte que coûte.

La 9e brigade se porte de nouveau en avant ; le bataillon des grenadiers du 48e en tête, drapeau déployé, paraît bientôt à l'extrémité de la crête au sud du plateau et agite plusieurs fois son drapeau. Aussitôt toutes nos lignes vomissent la fusillade, nos pièces et nos mitrailleuses redoublent leurs coups; le drapeau du 48e tombe et reparaît plusieurs fois; ses défenseurs sont criblés et tourbillonnent; encore une fois, les Allemands doivent se replier en arrière et appeler à leur aide de nouveaux renforts en artillerie.

Bientôt quatre batteries de la réserve du 3e corps arrivent au galop. Les pièces, la plupart traînées à bras dans les vignes, se placent en batterie depuis le Briard jusqu'au sud du plateau; quelques-unes, ne pouvant prendre rang sur le front, faute d'espace, vont s'établir en arrière et ouvrent le feu sur nos positions par un tir plongeant.

Nos pièces et nos mitrailleuses ripostent un instant, mais criblées de projectiles et dépourvues de munitions, elles ne tardent pas à abandonner le terrain pour éviter d'être complétement démontées.

Cependant, sur le plateau de Villiers, l'infanterie prussienne s'ébranle. Protégée par le feu d'une puissante artillerie, la 10e brigade franchit en masse le vallon à la hauteur du Briard et gravit les pentes opposées; nos troupes occupant les hauteurs résistent énergiquement mais elles ne parviennent pas à arrêter la marche de l'ennemi.

Pendant ce mouvement, les Prussiens ont semé de leurs morts et de leurs blessés le chemin qu'ils viennent de parcourir, mais ils ont forcé notre ligne et il ne reste plus guère en leur présence que le 70e mobiles dont quelques compagnies, constamment engagées depuis le matin, manquent complétement de cartouches et n'en restent pas moins sous la mitraille. Toutefois la retraite de nos pièces donne de l'inquiétude et, pour nos mobiles, la défensive sans le canon, c'est le découragement, c'est la défaite.

Maîtres du plateau et du village de Mazangé, les Allemands se rabattent vers le Sud et pressent vivement nos compagnies de gauche qui, impuissantes à contenir cette colonne, cèdent peu à peu le terrain et se replient lentement tout en faisant feu de leurs dernières cartouches.

A ce moment, le régiment reçoit l'ordre de la retraite sur Lunay ; il s'en va temps, car nos tirailleurs sans munitions commencent à plier partout.

Dès que l'ennemi s'aperçoit de notre mouvement de recul, son artillerie reprend le feu avec beaucoup d'intensité et nos compagnies de gauche, canonnées de front par plus de vingt bouches à feu pendant qu'une nombreuse infanterie les fusille sur leur flanc gauche, sont fortement éprouvées ; beaucoup de mobiles sont blessés ainsi que deux officiers des plus énergiques, les capitaines Campcros et de Cardaillhac.

Tandis que la 10e brigade se portait sur Mazangé, quelques compagnies du 48e, appuyées par un bataillon du 8e grenadiers, pénétraient dans le Gué-du-Loir et tentaient vainement de franchir le pont défendu par une compagnie du 70e mobiles, une du 36e et une du 38e de marche ; ces dernières troupes, retranchées dans les maisons à l'entrée du village, et aux prises avec l'ennemi, ne s'aperçoivent que fort tard de la retraite du 70e mobiles ; elles abandonnent cette position à cinq heures et demie du soir et ne parviennent à gagner Lunay qu'après avoir soutenu un très-vif combat sur les hauteurs de Clouseaux contre une grand'garde allemande leur barrant le passage.

Enfin, du côté de Montoire, notre droite était également débordée ; l'ennemi, comptant rencontrer une résistance très-sérieuse, avait dirigé sur ce point le 10e corps d'armée. Deux divisions de cavalerie, appuyées par quelques bataillons et de l'artillerie, couvraient le flanc gauche du 10e corps et faisaient face aux troupes du général de Curten sur la ligne Prunay-Villechauve-Villeporcher-St-Cyr-du-Gault.

Vers dix heures et demie du matin, la tête de colonne de la 19e division débouche dans la vallée du Loir par la route de Sasnières : la 38e brigade (16e et 57e régiments d'infanterie) appuie à droite et prend position sur les hauteurs de Villavard et des Pins, tandis que l'avant-garde de la 20e division, qui arrive par la route de Vendôme aux Roches, s'établit au haut de la côte de Bourg de Blois et fait face aux Roches.

Notre artillerie, en batterie sur le plateau des Roches, commence le feu et dirige le tir de ses pièces sur les colonnes d'infanterie ; mais bientôt la 20e division installe une batterie à Planche-Brau, deux batteries s'établissent sur le côteau de

Villavard, et il s'engage un très-vif combat d'artillerie.

Sous la protection de leurs pièces, six compagnies de la 39e brigade se portent sur les Roches dont le pont est barricadé ; reçues par une vigoureuse fusillade, elles ne prononcent par leur attaque et se replient en toute hâte. D'autres troupes de la 20e division essaient de tourner la position par le Nord et tentent de franchir le Loir sur la glace, mais elles échouent également dans leur entreprise.

Cependant nous n'avons en ligne que le 45e de marche et les chasseurs à pied ; ces troupes occupent, il est vrai, de fortes positions garanties par le Loir, mais il est évident qu'elles vont devenir impuissantes à contenir le flot qui grossit de moment en moment. Vers deux heures du soir, elles sont débordées de tous côtés et le général de Jouffroy n'a d'autre renfort à leur envoyer qu'une centaine d'hommes du 70e mobilés amenés de Lunay par le capitaine major de ce régiment.

A trois heures, la 37e brigade (78e et 91e régiments d'infanterie) parvient à forcer le passage du Loir sur le pont de Lavardin faiblement gardé, et se porte sur Montoire ; dès lors, nos troupes n'ont plus qu'à se retirer promptement : l'artillerie gagne la route de Savigny, l'infanterie rejoint à Lunay, et les éclaireurs algériens occupant Montoire, se replient par la vallée du Loir.

Pendant près de trois heures, la 21e batterie du

19e régiment, commandée et servie par des braves, avait tenu tête aux trois batteries allemandes qui, malgré leur supériorité, n'avaient osé s'avancer en deçà de deux mille deux cents mètres.

Ainsi donc, à la nuit, toutes les troupes sous le commandement du général de Jouffroy étaient en retraite : celles du Gué-du-Loir et des Roches, sur Savigny ; celles du colonel Thiéry sur Fortan, d'où elles repartaient quelques heures après leur arrivée, se dirigeant vers le Nord pour rejoindre la grande route du Mans à Orléans par St-Calais et Fréteval.

A minuit, le 70e mobiles était réuni à Savigny où de nombreux blessés, transportés en cacolet ou sur des fourgons d'ambulance, avaient déjà précédé le régiment. Epuisés de fatigue, affamés, brisés par cette lutte opiniâtre, les mobiles durent se coucher dans les rues par un froid de huit degrès, car la ville était encombrée de troupes.

IX

Nos pertes et celles de l'ennemi. — Les volontaires arabes. — L'armée allemande se porte sur la Braye. — Combats d'Epuisay, du Poirier et de Savigny.—Le général de Jouffroy décide la retraite sur le Mans. — Le 70e mobiles reçoit l'ordre de défendre le défilé de St-Frimbault.

La journée du 6 janvier 1871 fut une des plus rudes de la campagne et fait le plus grand honneur aux jeunes troupes françaises ; une quinzaine de mille hommes, disséminés sur un front de seize kilomètres, tinrent en échec, depuis l'aube à la nuit, deux corps d'armée composés de troupes aguerries et munies d'une formidable artillerie.

La vigueur, l'entrain, la tenacité de nos soldats furent tels, que les Allemands se crurent en présence de forces bien autrement nombreuses, ainsi que le témoigne le bulletin suivant dans lequel ils avouent avoir subi des pertes considérables.

« *Versailles, 7 janvier. Nuit* (1).

» Le 6, les divisions désignées pour combattre
» l'armée du général Chanzy s'avancèrent contre
» elle par Vendôme et rencontrèrent *deux corps*
» *d'armée* ennemis en marche sur nous. Ceux-ci,
» après un combat très-vif, furent repoussés d'Azay
» et cette position, en même temps que Montoire,
» fut enlevée. *Nos pertes sont sérieuses.*

DE PODBIELSKI.

La 11e brigade prussienne, ayant son chef hors de combat, décimée et épuisée de fatigue, avait dû être relevée à la nuit des positions qu'elle occupait près d'Azay pour être cantonnée à St-Ouen dans la vallée du Loir. Le succès du 3e corps sur le plateau de Villiers lui coûtait 35 officiers et 493 hommes (2).

---

(1) Dépêche officielle du grand état-major allemand.

(2) Von Twardowski. *Die Gefechte des III Armée-Corps bei le Mans.*

A Montoire, le 10e corps, qui avait obtenu un succès facile, n'avait pas osé poursuivre son avantage dans la crainte d'être inquiété lui-même par les troupes du général de Curten.

Nos pertes, quoique moins considérables que celles de l'ennemi, n'étaient pas sans importance.

Dans la matinée du 7, les corps qui n'avaient pu rejoindre pendant la nuit, continuèrent leur mouvement de retraite. A leur arrivée à Savigny, le général de Jouffroy fit procéder aux distributions de vivres et de munitions et s'occupa de remettre un peu d'ordre dans les colonnes.

Les caissons du parc divisionnaire, épuisés par les combats livrés depuis le 27 décembre, ne contenaient que de bien faibles approvisionnements. Le 70e mobiles, complétement dépourvu de cartouches, ne put en toucher que trente par homme, et c'est avec d'aussi maigres ressources en munitions que nous devions rester trois jours encore environnés d'ennemis et obligés de soutenir des combats acharnés.

A neuf heures du matin, le 70e mobiles reçut l'ordre de passer sur la rive droite de la Braye et alla prendre ses cantonnements sur les hauteurs du Tertre; quelques corps furent établis sur les hauteurs, à l'est de Savigny, pour contenir au besoin l'ennemi, pendant que les convois se mettaient en mouvement, s'acheminant vers Cogners.

En traversant le pont, les regards étaient attirés par le spectacle d'une nombreuse cavalerie campée au bord de la rivière. Parmi ces troupes, on remarquait une centaine de volontaires arabes dont le gros combattait héroïquement à ce moment même du côté de Trôo. Gravement assis à la manière orientale dans la boue et dans la neige, à la tête de leurs petits chevaux, ces cavaliers, silencieux, transis de froid, semblaient prier Allah avec recueillement ; leurs montures, immobiles comme eux, baissaient tristement l'encolure ; bêtes et gens avaient l'air de se comprendre et de regretter amèrement leurs sables brûlants et leur soleil d'Afrique. Ces braves volontaires qui, tous les jours, faisaient preuve d'un dévouement sans bornes, périrent presque tous pour la France qui les avait vaincus.

Comme ordre général pour la journée du 7, le prince Frédéric-Charles avait prescrit à son armée d'atteindre la ligne de la Braye.

A dix heures du matin, trois brigades du 3e corps arrivent devant Epuisay où elles sont rejointes par deux brigades du 9e corps venant de Morée ; un combat sans importance a lieu à l'est du village ; nos troupes, insuffisantes, abandonnent la Borde et Epuisay. A la suite de cet engagement, le 3e corps allemand continue son mouvement en avant : la 6e division suit la route de St-Calais ; le général de Stulpnagel se dirige sur Savigny avec six bataillons et six batteries, et, à midi, le combat reprend sur toute la ligne.

Aux environs du Poirier, le colonel Thiéry dispose rapidement quelques troupes pour arrêter un instant l'ennemi pendant que le reste de la brigade se dirige sur Sargé pour franchir la Braye sur le seul pont resté debout. L'avant-garde de la 6e division, composée de quelques escadrons de cavalerie et d'une compagnie du 64e, est accueillie par une vigoureuse fusillade et repoussée. Mais bientôt de nombreuses forces entrent en ligne et, à deux heures et demie, l'arrière-garde du colonel Thiéry, attaquée de front par le 64e allemand, pendant que le 24e cherche à la tourner, abandonne le Poirier et se replie sur Sargé.

Du côté de Savigny, la lutte dure jusqu'à quatre heures du soir ; à ce moment, le général de Jouffroy, apprenant que le colonel Thiéry est en retraite sur Saint-Calais, se replie également, et, à la nuit, toutes nos troupes ont pu franchir la Braye sans rien laisser aux mains de l'ennemi.

Dans cette journée, le temps brumeux avait rendu impossible l'usage de l'artillerie.

Le 8 au matin, le général de Jouffroy occupait la ligne Montaillé-St-Cérotte-St-Gervais de Vie ; la cavalerie couvrait la droite entre Bessé et Vancé. Impuissant à contenir le flot qui s'avançait sur le Mans, le général de Jouffroy décida la retraite ; malheureusement il crut dangereux de se servir de la grande route de St-Calais-le-Mans, menacée par l'ennemi, et il résolut de se retirer par Courdemanche et Parigné-l'Evêque.

« Cette direction générale donnée à la retraite,
» écrit le général Chanzy, avait l'inconvénient
» d'abandonner les artères principales aboutissant
» au Mans et de les laisser toutes ouvertes à l'en-

» nemi ; elle eut de plus comme conséquence de » jeter les colonnes sur des chemins difficiles, » de les obliger à de longs détours et de les faire » aboutir au Mans en dernier lieu, en retard et » épuisées de fatigue.

» Quoi qu'il en soit, ajoute le commandant en » chef, ces opérations avaient été remarquable- » ment conduites et exécutées par tous avec une » grande énergie. »

Le mouvement de retraite du général de Jouffroy entraînait forcément celui du général Barry qui occupait Pont-de-Braye, Ruillé, la Chartre, Chahaignes, Château-du-Loir. Craignant pour sa propre retraite sur le Mans, ce général demanda au général de Jouffroy de lui renvoyer une partie de ses troupes, et, le 9 au matin, les colonnes Marty et Bayle étaient dirigées vers le Sud pour rallier leur division.

Du côté de Montoire, les Allemands s'étaient préoccupés un instant des forces du général de Curten qui menaçaient sérieusement leur flanc gauche, mais le 8, le général, apprenant la retraite des troupes de la rive gauche droite du Loir, se replia sur Château-la-Vallière et, dès lors, la deuxième armée allemande ayant toute liberté d'action, opéra avec rapidité sa marche concentrique sur le Mans.

Le plan des Allemands pour le 8 janvier était le suivant : Le centre devait forcer la ligne de la Braye sur la route de Vendôme à St-Calais, le 9e corps au nord, le 3e au sud de cette ligne. L'aile droite et l'aile gauche prendraient à revers la ligne de la Braye, pendant que le 13e corps (grand duc de Mecklembourg) pénétrerait dans la vallée de l'Huisne, et le 10e dans celle du Loir.

Le général de Jouffroy continue son mouvement de retraite. A Montaillé, le colonel Thiéry, après avoir vainememt essayé d'arrêter la 6e division du 3e corps, abandonne la grande route et se replie sur Maisoncelles. Les autres colonnes se replient de Sainte-Cérote sur Montreuil-le-Henry et de St-Gervais de Vie sur Courdemanche par Cogners et St-Georges de la Couée. Vers Vancé, le 3e cuirassiers, surpris dans la vallée, est très-sérieusement compromis lorsqu'il est dégagé par les éclaireurs algériens dont la conduite est remarquablement belle. Obligés de se retirer ensuite eux-mêmes par un chemin étroit et encaissé, les Arabes perdent là une centaine d'hommes.

A une heure de l'après-midi, le 70e mobiles arrive à Courdemanche. A ce moment, le canon gronde dans toutes les directions ; de tous côtés, sur toute la ligne, nos arrières-gardes sont vivement traquées par les masses prussiennes.

Nos diverses colonnes, trop éparpillées et en désordre, ne présentaient à l'ennemi qu'un faible rideau de troupes et étaient impuissantes à retarder sa marche ; il eût convenu peut-être de rallier l'armée en toute hâte, mais le commandant en chef prescrivait de résister à outrance et de n'abandonner les positions qu'à la dernière extrémité. A ce sujet, l'historien français, Amédée Le

Faure, s'exprime ainsi : « Sur tout le front, les » colonnes mobiles étaient donc vivement pres- » sées par l'ennemi. Cette lutte inégale devait » malheureusement se prolonger jusqu'au Mans, » et nos divisions, épuisées par ces combats soute- » nus souvent avec vigueur, n'allaient plus avoir » la force de lutter à l'heure décisive. Il ne sem- » ble pas, malheureusement, que le général » Chanzy ait eu à ce moment une idée entière- » ment exacte de la situation. L'armée ennemie » marchait tout entière au devant de nous ; il n'é- » tait plus besoin de la provoquer à venir nous » attaquer, elle arrivait sur les positions que » nous avions choisies et fortifiées. Dès lors, n'é- » tait-il pas indiqué de cesser ces actions décou- » sues, forcément inégales, et de réserver toutes » ses troupes pour une grande bataille défensive » devant le Mans ? Mais l'énergie, la ténacité du » général Chanzy s'accommodaient mal de ces » lenteurs, et, au lieu de prescrire la retraite » que la situation rendait peut-être nécessaire, il » ordonnait à ses généraux de reprendre les posi- » tions perdues et il envoyait à Château-du-Loir » l'amiral Jauréguiberry pour mettre un peu » d'ordre et ramener une unité d'action indispen- » sable. »

A son arrivée à Château-du-Loir, l'amiral Jauréguiberry trouvait les choses dans le plus complet désarroi ; il ne parvenait pas à avoir des nouvelles exactes des généraux Barry, Curten et de Jouffroy, et constatait l'impossibilité de contenir l'ennemi.

Vers trois heures du soir, des paysans affolés de terreur étaient venus en toute hâte à Courdemanche signaler l'arrivée des Prussiens ; la 14e brigade de cavalerie (Schmidt), chargée d'établir la liaison entre le 3e et le 10e corps, occupait Vancé et avait détaché des uhlans qui s'avançaient sur Courdemanche.

A cette nouvelle, le 1er bataillon du 70e mobiles reçoit l'ordre de se porter immédiatement sur la route de Vancé pour défendre le défilé de St-Frimbault ; les deux autres bataillons sont cantonnés à Courdemanche et se tiennent prêts à se porter au feu au premier signal.

Le petit village de St-Frimbault, distant de quinze cents mètres de Courdemanche, est situé dans une gorge et comme perdu au fond d'un entonnoir. A sa hauteur, le chemin vicinal de Vancé prend une pente de montée assez rapide et s'encaisse entre des collines boisées qui le resserrent l'espace d'un kilomètre au bout duquel on découvre le plateau de Vancé. Tel était le poste que le 70e mobiles avait l'ordre de défendre à outrance pour laisser aux troupes de la division le temps de rallier à Courdemanche et de se préparer à la défensive. L'ennemi ne parut pas de la soirée ; toutefois le commandant Guiraudies prit ses dispositions en prévision d'une attaque de nuit. A cet effet, il plaça quatre compagnies en grand'-garde sur les hauteurs de droite et de gauche de la route et cantonna les trois autres dans les maisons bordant la route ou dans le village de St-Frimbault. Une compagnie, placée à l'extrémité de la côte à l'entrée du défilé, détachait ses petits postes très avant sur le plateau et formait elle-même comme le poste avancé des grand'gardes. Dans la journée, le temps avait été sec et rude, mais, le soir, la température se radoucit, et pendant la nuit il neigea abondamment.

La nuit se passa sans incident.

X

Ligne de bataille et mouvements de troupes de la colonne de Jouffroy. — Combat de Saint-Frimbault. — Le 70e mobiles culbute l'ennemi sur la route de Vancé.

Le 9 janvier, les troupes du général de Jouffroy occupaient la ligne Maisoncelles-Montreuil-le-Henri-Saint-Georges de la Couée-Courdemanche-Brives; la brigade Thiéry avait abandonné la grande route de Saint-Calais pour la laisser libre à la 2e division du 17e corps envoyée sur Bouloire et à laquelle il devait se relier; le colonel Bayle s'était porté sur Brives, le colonel Marty était dirigé sur St-Pierre du Lorouer, la 3e division était établie aux environs de Courdemanche.

Vers neuf heures du matin, les uhlans vinrent, avec leur audace habituelle, reconnaître d'assez près les grand'gardes du 70e mobiles; les postes avancés firent feu sur eux ; désormais l'éveil était donné, l'ennemi ne pouvait tarder à paraître en forces.

En effet, bientôt après une colonne d'infanterie (1), de la force d'un bataillon, se présente devant nos positions et commence la fusillade. La compagnie en grand'garde à l'entrée de la gorge de St-Frimbault se déploie rapidement en tirailleurs ; à sa droite et à sa gauche, deux compagnies, dont l'une occupant le château de la Chenchuère, viennent l'appuyer de leurs feux, pendant que la quatrième s'établit en réserve dans un petit bois.

Pendant que les grand'gardes supportent le premier choc, le commandant Guiraudies se porte au combat avec sa réserve et prend position sur la hauteur à l'est de St-Frimbault. Les Allemands, débouchant des bois de la Chenchuère, accentuent leur mouvement ; la fusillade se rapproche et la compagnie occupant le château, abandonne cette position sans l'avoir sérieusement défendue. Dès lors, les deux autres compagnies en première ligne sont débordées de ce côté ; craignant pour leur retraite, elles se retirent sur St-Frimbault, après avoir exécuté quelques feux de salves avant de s'engager dans la gorge.

Les Allemands, voyant notre première ligne plier, s'avancent, en poussant des hourras, jusqu'à la hauteur du hameau de la Roustière, et là, apercevant au-dessus de la Corvée nos réserves

(1) Ces troupes appartenaient à la 37e brigade du 10e corps.

disposées en tirailleurs sur les pentes et sur le sommet du plateau, ils redoublent leurs cris sans se douter que tout près d'eux, la compagnie embusquée dans le bois, va les fusiller presque à bout portant. Les tirailleurs de cette dernière compagnie, croyant que l'ennemi va s'engager dans le défilé et passer à leurs pieds, se promettent de le saluer au passage; mais les Prussiens, qui n'ont pas du tout l'air pressés, continuent tranquillement leurs cris et engagent la fusillade avec notre réserve. Ce que voyant, les mobiles, postés sur la lisière du bois à deux cents mètres de l'ennemi, ne peuvent contenir leur impatience et commencent un feu des plus meurtriers, qui a pour premier effet de faire taire les braillards et pour second de les mettre en fuite.

La neige qui tombait à gros flocons, chassée par le vent dans la direction de l'ennemi, l'empêchait de distinguer nettement à quelles forces il avait affaire. La fusillade continuait avec vigueur de notre côté et les Prussiens répliquaient bien faiblement lorsque, à un moment donné, ces derniers, jétant tout à coup deux compagnies à droite, essayèrent de se glisser sur nos derrières.

Une partie de la compagnie la plus rapprochée de l'ennemi n'ayant pu se déployer efficacement pour renforcer la ligne des tirailleurs, avait gagné en arrière, près de la ferme des Ormeaux, un point plus culminant pour tâcher de superposer une deuxième ligne de feux et arrivait sur cette position ; il n'était que temps, car une colonne s'avançait par le chemin de la Roustière à St-Frimbault.

Aussitôt, une soixantaine de mobiles, rangés en bataille par un officier et placés derrière un mur de séparation, commencent une série de feux à commandement qui arrêtent net les Allemands et les mettent bientôt en déroute. Alors nos mobiles dirigent leurs coups sur les troupes restées en arrière, et celles-ci s'enfuient à leur tour et courent s'abriter derrière les maisons de la Chenchuère et des Turets.

A ce moment, le 2e bataillon, envoyé de Courdemanche par le lieutenant-colonel, au bruit de la fusillade, arrivait sur le lieu du combat conduit par le capitaine Pechverty. D'après les explications de ce capitaine, le commandant Guiraudies fut amené à penser que toute la division abandonnait Courdemanche, et il ordonna la retraite (1).

Les compagnies ayant cessé le feu se dirigèrent sur St-Frimbault; toutefois, les mobiles qui venaient d'exécuter les derniers feux de peloton, attendaient sur leur position que leurs camarades, plus rapprochés de l'ennemi, les eussent ralliés, pour se retirer ensemble, lorsque les Prussiens, s'étant reformés à l'abri des maisons, se portèrent vers le bois de la Chenchuère. Complétement à découvert, ils marchaient en colonne serrée et en bon ordre, un officier à cheval donnait des ordres ou les haranguait, car le son de sa voix parvenait

(1) Voir *Lettres sur la mobile du Lot*, p. 49.

très-bien jusqu'à nous.

Tout à coup une détonation se fait entendre, puis une autre ; les coups se succèdent rapidement et, dans l'intervalle, on entend la voix de l'officier qui commande : Joue ! Feu ! Chargez !

Nos mobiles qui n'ont pas voulu laisser échapper l'occasion de *travailler* de nouveau les Prussiens à bonne distance, viennent de recommencer la distribution de leurs feux de peloton ; mais, cette fois la cible, complétement dégagée, est plus en vue et leurs balles font des ravages considérables ; dès les premiers coups, l'officier prussien à cheval est *démoli*.

Complétement démoralisés, les Allemands s'enfuient en désordre et gagnent le bois de la Chenchuère en poussant des cris d'effroi : la déroute est complète.

Au bout de quelques minutes, on n'apercevait plus personne, tout redevenait calme comme avant l'attaque. Les mobiles rallièrent rapidement les deux bataillons à St-Frimbault, et l'on se mit de suite en marche pour Courdemanche.

A l'arrivée dans ce bourg, les deux bataillons furent assez mal reçus par le lieutenant-colonel qui assura n'avoir donné aucun ordre pour abandonner ainsi l'importante position que nous avions mission de défendre à tout prix. En effet, le 70e mobiles était désigné pour protéger la retraite de la division, et il fallait donner aux troupes et aux convois qui venaient de quitter Courdemanche, le temps de prendre une avance considérable avant de songer à se retirer.

Après d'assez vives explications entre le lieutenant-colonel Delgal et le commandant Guiraudies, — ce dernier surtout ayant l'humeur chatouilleuse lorsque son honneur personnel ou celui de son bataillon étaient en jeu, — les deux bataillons allèrent reprendre les positions abandonnées. L'ennemi, trop malmené, n'avait pas songé à s'en emparer et c'est à peine si on découvrait, très au loin, quelques sentinelles en observation sur la lisière des bois.

Le 2e bataillon alla réoccuper les hauteurs de la Corvée et des Ormeaux, le 1er resta en réserve à St-Frimbault. A quatre heures du soir, les deux bataillons recevaient l'ordre de se retirer et n'abandonnaient cette fois la position que sur un ordre écrit; il est évident qu'un malentendu seul avait amené la première retraite.

» Dans cette affaire, très-brillante pour le 1er
» bataillon, écrit le commandant Guiraudies, cette
» fraction de notre régiment ne perdit pas un
» seul homme, grâce à notre excellente position
» et surtout à la neige qui tombait et aveuglait
» l'ennemi. Des paysans nous certifièrent avoir
» vu plus de cinquante cadavres sur le terrain
» occupé par les Prussiens, ce qui permet de
» supposer que nous lui avions occasionné une
» perte de deux cents hommes au moins. »

A l'entrée de la nuit, le général de Jouffroy qui surveillait attentivement la retraite de ses arrière-gardes, prescrivit au colonel du 70e mobiles de hâter son départ et d'aller occuper le village de St-Vincent-du-Lorouer.

XI

Situation critique de la colonne de Jouffroy et particulièrement du 70e mobiles. — Le 70e mobiles se jette pendant la nuit dans les lignes prussiennes et parvient à se dégager. — La retraite sur Grand-Lucé. — Le général de Jouffroy concentre ses troupes. — Marche sur Parigné-l'Evêque.

La situation de la colonne de Jouffroy allait s'empirant de moment en moment. Sur son front, elle était vivement pressée par un corps considérable de cavalerie (Schmidt) et par des détachechements d'infanterie du 10e corps (brigade Lehmann). Dans cette journée du 9, l'ennemi avait attaqué par trois points différents : à la Martinière près St-Georges de la Couée, à St-Frimbault et à Brives. Nos troupes avaient tenu jusqu'au soir, et se retiraient sur Grand-Lucé et Pruillé-l'Eguillé.

Sur notre flanc gauche, nous étions complétement débordés par le 3e corps allemand qui, refoulant la division Pâris, venait de prendre cette journée d'avance sur nous, s'était emparé d'Ardenay et avait poussé une division sur le ruisseau du Narais, vers le Gué-de-l'Aulne et Challes, menaçant Parigné-l'Evêque. Enfin, à notre droite, le gros du 10e corps, après avoir combattu toute la journée aux environs de l'Homme et de Chahaignes, avait repoussé la division Barry dans la direction de Jupilles, et un détachement de ce corps, s'engageant sur la route de Grand-Lucé, avait chassé de Brives la brigade Bayle et était allé occuper le village de St-Vincent du Lorouer où le 70e mobiles devait passer la nuit.

Ainsi la situation de la colonne de Jouffroy était excessivement critique, car le lendemain le cercle des Allemands pouvait l'étreindre de tous côtés. Quant au 70e mobiles, qui avait quitté peut-être un peu trop tard le village de Courdemanche, sa retraite était déjà coupée ; on va voir comment le régiment se tira de ce mauvais pas.

Vers huit heures du soir, par une nuit obscure, nous cheminions tranquillement sur la route de Courdemanche à St-Vincent du Lorouer. La neige tombait à gros flocons, le silence le plus complet régnait dans les rangs et notre marche n'était trahie que par le bruit monotone des marmites et des bidons. Le régiment marchait par le flanc lorsque, arrivée au ravin près du Moulin-de-Vaux, l'avant-garde se heurta à un poste prussien qui l'accueillit à coups de fusil. La marche de la colonne fut arrêtée aussitôt.

A trente ou quarante mètres de la tête de la colonne, des feux de bivouac étaient allumés et, à la pâle lueur de ces feux, on apercevait les silhouettes des soldats prussiens s'agitant dans l'obscurité, semblables à des fantômes.

Les chefs se consultèrent rapidement et décidèrent de rétrograder pour chercher une autre issue, sinon il fut convenu que l'on passerait quand même, en combattant.

Le régiment fit demi tour sans bruit et rétrograda jusqu'au hameau de la Rue sur le plateau de Courdemanche que l'ennemi occupait déjà ; là nous prîmes un chemin de traverse plus au nord, et, à une heure du matin, nous avions rallié la division à Grand-Lucé. Pendant cette opération délicate, il ne s'était pas produit le moindre désordre dans les rangs, pas un homme n'avait bronché, chacun s'était tenu à son poste, prêt à donner le coup de collier s'il avait été nécessaire.

Il est vrai de dire aussi que l'obscurité de la nuit et la neige assourdissant le bruit de nos pas, favorisèrent beaucoup notre mouvement ; d'un autre côté, le terrain coupé et montueux nous préserva de toute poursuite, car l'ennemi ne pouvait guère s'aventurer la nuit et par un temps pareil dans un pays qu'il n'avait pas suffisamment exploré.

Cependant le général de Jouffroy, arrivé dans la soirée à Grand-Lucé, avait appris par les troupes de la brigade Bayle et du 46e de marche l'occupation de St-Vincent-du-Lorouer ; il avait de grandes inquiétudes sur notre compte et croyait assurément avoir perdu son meilleur régiment.

« Ce n'est donc pas sans une véritable satisfac-
» tion, dit le commandant Guiraudies (1), qu'il

(1) Voir : *Lettres sur la mobile du Lot*, p. 50.

» nous vit arriver à Grand-Lucé ; il ne nous lais-
» sa pas ignorer que notre situation était presque
» désespérée et il fit un pressant appel au dé-
» vouement de tous. Il nous rappela qu'il avait
» demandé des secours au Mans et il termina en
» disant que notre sort se déciderait le lende-
» main. »

Ces paroles n'étaient guère rassurantes ; mais le général n'ayant pas caché la gravité de la situation, chacun se promit de faire son devoir le lendemain.

La 3e division tout entière et la brigade Bayle étaient réunies au Grand-Lucé, les colonnes Marty et Thiéry avaient l'ordre de rejoindre. Le général de Jouffroy rassemblait ses troupes éparpillées sur un front trop étendu pour percer sur un point, par un effort vigoureux, s'il le devenait nécessaire.

Les rues du Grand-Lucé étaient encombrées de soldats accroupis ou couchés, cherchant, à l'abri des maisons, un refuge contre le vent et la neige. Epuisés de fatigue, nous nous étendîmes à côté de nos compagnons d'armes.

Ce soir-là, le général de Jouffroy, exposant la situation au commandant en chef, lui écrivait :

« ..... Je compte demain matin de très-bonne
» heure, à moins que les circonstances m'en em-
» pêchent ou que vous me donniez des ordres
» contraires, me diriger vers Saint-Mars d'Outillé.

» Toutes mes troupes dont j'ai tant eu à me
» louer lorsque je prenais l'offensive, montrent

» dans la retraite, malgré les fatigues incessantes
» qu'elles ont à supporter, malgré les privations
» qui leur sont imposées, un dévouement bien
» méritoire. Le repos leur est absolument né-
» cessaire ; mais que ce repos leur soit accordé,
» et on pourra, comme par le passé, compter sur
» leur valeur. »

Dans la nuit, le général de Jouffroy recevait l'ordre de se porter sur Parigné-l'Evêque dès le lendemain matin ; en même temps, des forces étaient envoyées à notre secours et devaient reprendre ce village à l'ennemi pour faciliter notre rentrée dans les lignes françaises.

Le 10 janvier, à sept heures du matin, la 3e division quittait le Grand-Lucé se portant sur Parigné-l'Evêque, les troupes Barry étaient dirigées sur Ecommoy pour rallier leur division. La route, recouverte d'une épaisse couche de neige, était presque impraticable et la marche était très-lente ; en outre, comme l'ennemi pouvait être rencontré à tout instant, la division était obligée de marcher dans un ordre de bataille, prête à toute éventualité.

A huit heures du matin, trois kilomètres seulement avaient été parcourus, lorsque le canon et la fusillade retentissaient soudain dans la direction de Parigné-l'Evêque ; un combat s'engageait sur ce point. L'ennemi en forces allait chercher sans doute à nous barrer le passage et un vigoureux effort serait nécessaire pour franchir le cercle ; mais, en ce moment critique, officiers et soldats avaient retrouvé toute leur énergie, malgré les fatigues, et nous étions d'autant plus disposés à combattre que nous avions l'assurance d'avoir quelques jours de repos en arrivant au Mans.

A la hauteur de la route de St-Mars d'Outillé, la division fut arrêtée un instant pour prendre de nouvelles dispositions, car la canonnade retentissant de plus en plus en avant de nous, il ne convenait pas de s'engager dans les bois sans les avoir visités avec soin.

Le 70e mobiles fut placé à l'avant-garde — toujours le poste le plus périlleux — et prit les devants en observant toutes les prescriptions des manœuvres à proximité de l'ennemi; des éclaireurs et des flanqueurs fouillaient attentivement le terrain afin d'éviter toute surprise, l'avant-garde et le gros du régiment serraient à distance, quatre pièces de 4 et deux mitrailleuses suivaient d'assez près.

Bientôt nous perdîmes complétement de vue les autres corps de la division qui nous laissaient seuls marcher à l'ennemi, et à onze heures nous arrivions sans incident à Parigné-l'Evêque où nous donnions la main à des troupes françaises qui combattaient depuis le matin pour nous maintenir le passage libre.

TROISIÈME PARTIE

(Du 10 janvier 1871 à la fin de la campagne.)

I

COMBAT DE PARIGNÉ-L'EVÊQUE.

(10 janvier 1871.)

Parigné-l'Evêque et ses environs. — Combat de la brigade Pereira. — Situation à l'arrivée du 70e mobiles. — Les dernières cartouches. — La 5e division prussienne bombarde Parigné-l'Evêque et se porte en forces sur le bourg. — La débâcle. — Mort du lieutenant Linol. — Le 70e mobiles sauve l'artillerie.

Le bourg de Parigné-l'Evêque, à 15 kilomètres du Mans et à 11 kilomètres de Grand-Lucé, est situé sur le versant d'une petite hauteur. Des coteaux le dominent au nord et à l'est; la route de Grand-Lucé le traverse dans toute sa longueur par le point le plus élevé et forme la principale rue. A l'entrée du bourg, la route prend une pente de montée assez rapide, mais la côte est courte et aboutit bientôt, au sud du bourg, à un plateau un peu inférieur en altitude aux hauteurs situées à l'est; entre ces hauteurs et Parigné-l'Evêque, se trouve un petit vallon où débouchent la route de Challes et divers chemins.

Le 9 au soir, les Allemands, après avoir franchi le Narais, s'étaient établis au nord de Parigné et avaient poussé des avant-postes jusqu'au-delà des bois de Loudon; l'objectif de ces troupes pour le lendemain était Changé.

Apprenant que Parigné-l'Evêque était au pouvoir de l'ennemi, le général Chanzy donna l'ordre à la 2e brigade de la 1re division du 16e corps d'aller reprendre cette position dans la nuit et de s'y maintenir jusqu'à l'arrivée du général de Jouffroy.

Cette brigade, sous le commandement du lieutenant-colonel Pereira, comprenait le 3e bataillon de marche de chasseurs à pied, le 39e de marche, le 75e mobiles (Loir-et-Cher), la légion des mobilisés de Maine-et-Loire, une batterie de mitrailleuses (19e du 10e régiment) et une batterie de 4 (24e du 15e régiment).

Le 10, à 4 heures du matin, le 2e bataillon du 39e de marche entrait dans Parigné sans coup férir; le reste de la brigade arrivait sur la position vers huit heures seulement. A ce moment, la 9e brigade allemande se portant en avant, s'avançait de la pointe sud du bois de Loudon vers la grande route; un bataillon du 48e allemand, formant tête de colonne, se heurtait au 3e chasseurs à pied, placé à l'avant-garde de la brigade Pereira, et, après un court engagement dans lequel le 3e chasseurs à pied déployait beaucoup d'entrain, les

Prussiens étaient refoulés jusqu'au delà du hameau des Guettes. Pendant cet engagement, deux pièces de 4, parvenues à grand'peine à s'installer sur la hauteur au sud du bourg, ouvraient le feu sur l'avant-garde de la 10e brigade allemande, s'avançant par la route de Challes, et la forçaient également à rétrograder.

Il y eut un moment de répit dont on profita pour recouvrir de terre et de fumier la montée à l'extrémité du village, car la route était très glissante et les chevaux d'artillerie s'abattaient à chaque pas sans pouvoir avancer. Les habitants s'étant prêtés de bonne grâce à cette opération, bientôt toutes nos pièces de 4 furent installées dans le haut du bourg.

Les Prussiens ne tardèrent pas à se montrer de nouveau, mais, cette fois, appuyés par de l'artillerie. Du côté des Guettes, le 48e allemand et un bataillon du 8e grenadiers reviennent à la charge. Contenus dans le bois par les tirailleurs du 39e de marche et du 75e mobiles que vient appuyer parfois le feu de nos mitrailleuses établies entre les premières maisons, ils doivent demander des renforts. Pendant que sur ce point nos troupes résistent énergiquement, à droite, la 10e brigade allemande se heurte au feu violent de nos pièces qui, elles-mêmes, ne tardent pas à être canonnées par deux batteries venant s'établir l'une à la Ville, l'autre à la Beucherie.

A onze heures, les Prussiens installaient une nouvelle batterie à la Ducherie et 3 bataillons de la 10e brigade (2 du 12e régiment, 1 du 52e) (1) venaient renforcer vers les Guettes ceux de la 9e aux prises avec nos troupes, pendant qu'un bataillon du 52e se portait sur Parigné par la route de Challes.

Appuyés par le feu de leur artillerie, les Prussiens pressaient vivement nos troupes et, vers onze heures et quart, ces dernières, repoussées des hauteurs, étaient rejetées dans le vallon : telle était la situation à l'arrivée du 70e mobiles.

Nous retrouvions en notre présence la 5e division du 3e corps que nous avions combattue le 6, à Gué-du-Loir. Ces troupes, se jetant sur notre flanc gauche, nous avaient gagnés de vitesse dans la journée du 9.

Dès l'arrivée à Parigné, le 70e mobiles se forma en bataille sur la route. A ce moment, le combat s'étant quelque peu ralenti de part et d'autre, rien n'indiquait encore un effort immédiat de l'ennemi sur Parigné-l'Evêque.

Les faisceaux furent formés et chacun espérait se reposer un instant en attendant, pour rentrer au Mans, le reste de la division qui ne pouvait tarder à paraître. Déjà la plupart des mobiles s'étaient répandus dans le bourg à la recherche de quelques provisions lorsque, tout à coup, le feu reprit avec beaucoup d'intensité. En un moment, tout le régiment fut sous les armes.

(1) Von Twardowski *Die Gefechte des III Armée-Corps le Mans.*

Les forces françaises étaient ainsi réparties :

Au nord du bourg, un bataillon du 39e de marche et un bataillon de mobilisés gardaient le vallon et surveillaient la route de Challes ; à gauche, du côté de Guemardières, les chasseurs à pied, le 75e mobiles et des compagnies du 39e de marche, étaient établis parallèlement à la route ; le 70e mobiles occupait la route dans l'intérieur du bourg ; six compagnies du régiment, sous les ordres du commandant Guiraudies, s'établissaient en réserve dans le bas du bourg pour appuyer au besoin les tirailleurs du 39e de marche postés dans les jardins ; au sud du bourg, des mobilisés de Maine-et-Loire et une centaine de trainards du 70e mobiles arrêtés au passage par le chef d'état-major de la division qui avait suivi le régiment, formaient la droite.

L'artillerie de la division était restée dans le haut du bourg, celle de la brigade Pereira était établie sur la route ; quelques pièces en batterie dans l'intérieur de Parigné enfilaient les rues perpendiculaires aux hauteurs des Laires.

Cette disposition des troupes était très désavantageuse, mais il s'agissait de tenir ainsi jusqu'à l'arrivée de la 3e division, et alors les Prussiens, attaqués sur leur flanc gauche, pouvaient à leur tour courir des risques sérieux.

Malheureusement, le général de Jouffroy, au lieu de continuer son mouvement sur Parigné-l'Evêque, ainsi qu'il en avait reçu l'ordre, avait pris avec le reste de ses troupes la route de St-Marsd'Outillé et gagnait le Mans par Teloché et Mulsanne. Le 70e mobiles, non prévenu de ce mouvement, était donc sacrifié et jeté en pâture à l'ennemi.

Vers midi, les Allemands établissaient de nouvelles pièces à l'est vers les Laires et criblaient d'obus le bourg et les environs, tandis qu'une colonne d'infanterie tentait de forcer notre gauche pour nous couper la retraite sur le Mans ; mais, de ce côté, nos troupes tenaient bon et nos pièces et nos mitrailleuses répondaient de leur mieux à l'artillerie ennemie.

Dès la reprise du combat, nos mobiles avaient immédiatement occupé les maisons longeant la route et, après avoir crénelé les murs et les toits, ils avaient ouvert une vive fusillade sur un rideau de tirailleurs établi sur la crête des Laires. Avec cette disposition, la surveillance devient très-difficile pour les officiers et les munitions sont vite usées. Bientôt de tous côtés retentit le cri : « Nous n'avons plus de cartouches ! » Et les Allemands, protégés par le feu de leur puissante artillerie, devenaient de plus en plus pressants.

Le lieutenant-colonel Delgal envoie demander des munitions au chef d'état-major de la division.

Resté sur la hauteur au sud du bourg avec l'artillerie, le commandant Mourlan en dirigeait lui-même le feu et paraissait vivement préoccupé des mouvements de l'infanterie prussienne. « Ménagez les coups et ne tirez plus qu'à bonne portée, disait-il tout bas aux artilleurs. »

A cette demande de cartouches, le commandant, très-ému, répond à l'officier et aux mobiles envoyés par le lieutenant-colonel Delgal : Mes enfants ! je ne puis malheureusement vous en donner, les caissons n'ont pas suivi. Mais il nous reste la baïonnette, dans un instant nous allons charger !

En arrière, des mobiles et mobilisés qui viennent d'entendre ces paroles, font immédiatement le vide autour du brave commandant Mourlan ; cet officier est désespéré, car l'ennemi avance à grands pas, et il prévoit que les troupes ne tiendront pas. L'atillerie allemande augmente toujours et se rapproche. Bientôt cinq batteries font converger leurs feux sur le malheureux bourg de Parigné : les obus pleuvent, les maisons sont broyées par les projectiles, des toitures s'effondrent avec fracas, c'est un bombardement en règle. Nos pièces, criblées, n'en continuent pas moins de tirer, nos mitrailleuses surtout font éprouver à l'ennemi des pertes très considérables.

Cependant, sur toute la ligne, nos troupes sont ébranlées par cette canonnade furieuse dont les effets se font particulièrement sentir sur la grande route, près de la mairie, point occupé par les compagnies du 70e mobiles.

« Au moment de la prise du village, dit un té-
» moin oculaire (1), une effroyable trombe de fer

(1) Docteur Fournier. *Une commune de la Sarthe pendant l'invasion.*

» et de plomb s'abattait autour de l'édifice muni-
» cipal qui fut atteint par 240 projectiles. »

A midi et demi, sur l'ordre du général de Stulpnagel, le général Schwerin lance sa brigade sur le bourg pendant que la plus grande partie de la 9e se porte sur la route du Mans pour nous couper la retraite.

Deux bataillons du 12e allemand, deux du 52e, le 3e bataillon de chasseurs et un bataillon du 8e grenadiers se jettent à la fois sur Parigné au Nord et à l'Est et descendent dans le vallon par les chemins de Corpslevé, des Grenouillères et des Laires.

Surpris par cette brusque attaque, enfoncés et écrasés par le nombre, les tirailleurs postés en avant du bourg s'enfuient dans le plus grand désordre. Dans ce mouvement de recul précipité, le bataillon du 39e de marche heurte violemment les mobilisés de Maine-et-Loire et les culbute ; ceux-ci, à leur tour, rencontrent des mobiles et les rejettent en arrière. Poussés par les uns, poussant les autres, ces malheureux se groupent dans leur fuite, s'écrasent pour courir plus vite et sont foudroyés ; de nombreux blessés gisent à terre : la confusion est épouvantable.

Ces troupes se repliant par les extrémités du bourg, les tirailleurs du 70e mobiles occupant les maisons ignorent absolument ce qui se passe. Au-dessous de la mairie, le commandant Guiraudies est heurté par des fuyards qu'il essaye vainement d'arrêter ; il se prépare à charger l'ennemi lorsque, assailli tout à coup et cerné par l'infanterie prussienne, il a le bras droit traversé par une balle et ses mobiles, fusillés à bout portant, doivent se réfugier en toute hâte dans les maisons. Au-dessus de la mairie, les mobiles postés dans les maisons tiraillent encore sur les hauteurs sans se douter que l'ennemi est dans le bourg; mais bientôt retentit partout le cri : les Prussiens! A ce cri, chacun se précipite au dehors et s'enfuit sous les balles ; la contagion a gagné tout le monde et partout nos soldats affolés, saisis de terreur, cèdent le terrain à un ennemi bien autrement puissant que celui qui poursuit et tue : la panique.

Le spectacle est navrant. Les obus poursuivent encore les fuyards dans la campagne, et le 48e allemand, déployé sur les hauteurs dominant la route du Mans, foudroie au passage ceux qui tentent de se sauver de ce côté.

Le lieutenant-colonel Delgal a depuis un moment déjà donné le signal de la retraite ; cependant quelques mobiles luttent encore à outrance et de leurs dernières cartouches font feu sur les assaillants ; d'autres, sans munitions et placés entre leurs camarades et l'ennemi, sont dans la cruelle alternative d'être frappés des deux côtés.

Maîtres de la partie nord de Parigné, les Prussiens montent dans le haut du bourg en même temps qu'une colonne de la 9e brigade se porte sur l'artillerie du lieutenant-colonel Pereira ; quelques pièces ont pu être attelées et se sauvent à travers champs ; d'autres vont être enlevées par l'ennemi : c'est l'instant des grands dévouements.

Le lieutenant-colonel Pereira parvient à réunir une centaine d'hommes du 39e de marche, quelques mobiles, des officiers et des artilleurs qui ont ramassé des fusils et, à la tête de ces troupes, tout ce qui lui reste de sa brigade, il contient quelques moments l'ennemi et sauve ses mitrailleuses ; néanmoins, une de ces pièces dont l'attelage a été tué pendant le combat, doit être abandonnée.

Le lieutenant-colonel Pereira ordonne ensuite la retraite et se retire sur Ruaudin ; dès lors, il ne reste plus dans Parigné qu'une poignée de combattants du 70e mobiles.

Près de la mairie, les Prussiens débouchent sur la route en colonne serrée, trois pièces de 4 vont tomber en leur pouvoir, lorsque le lieutenant Linol, qui a vu le danger, veut essayer d'arrêter l'ennemi. Il appelle à lui quelques mobiles sortant des maisons et, à sa voix, une dizaine d'hommes viennent se grouper à ses côtés. « Il ne sera pas dit que les Prussiens ont fait trembler les mobiles du Lot, s'écrie le lieutenant Linol. A la baïonnette, mes enfants, suivez-moi ! » *(sic)*. « En avant ! répètent les mobiles », et ils marchent bravement à l'ennemi.

A ces cris, les Prussiens, qui ont de la peine à croire que cette poignée de braves gens veuille leur barrer le passage, s'arrêtent et font feu : presque tous les mobiles sont frappés.

Atteint par plusieurs balles, le brave Linol est tombé un des premiers, les vaillants qui l'accompagnent gisent autour de lui ; quelques-uns ont encore la force de se traîner sur le seuil des portes où ils retombent évanouis ou privés de vie.

Le lieutenant Linol vit encore et a parfaitement conscience de son état ; bientôt les Prussiens l'entourent. Alors, par un dernier effort, il se redresse sur son séant et, à ce moment solennel, il veut, avant de rendre le dernier soupir, avoir la consolation suprême de frapper de sa main un ennemi de la France ; il dégage un pistolet qu'il portait à sa ceinture et va faire feu sur le groupe qui l'entoure ; mais aussitôt vingt crosses de fusil s'abattent sur sa tête et l'assomment, un soldat prussien lui arrache sa médaille militaire : cette scène est horrible.

Ne rencontrant plus d'obstacle, la colonne continue sa marche vers le sud du bourg. Les rares mobiles qui essaient de traverser la route sont fusillés au passage ; le lieutenant de Beauregard vient de tomber mortellement frappé, le capitaine Bru est blessé, deux canons de 4 sont déjà dépassés par l'ennemi, une troisième pièce va tomber entre ses mains ; un capitaine d'artillerie, un maréchal-des-logis et un de nos mobiles, seuls, la défendent : encore trois braves.

Les Prussiens sont à vingt mètres, les balles pleuvent. « A l'aide ! à moi les mobiles ! Il n'y a donc plus de Français ici ? » s'écrie le capitaine d'artillerie, et, dans un sublime élan de bravoure, il charge lui-même la pièce avec une boîte à mitraille et la pointe sur les assaillants. Tout à coup une violente détonation retentit dans la rue, l'effet produit est immense, ce coup de canon donne immédiatement un peu d'air. En même temps, une vingtaine de mobiles ralliés en dehors de Parigné par le lieutenant Courtil, accourent sur ce point et, à leur vue, l'ennemi, démoralisé par la décharge de la pièce, regagne le bas du bourg.

Surpris de cette résistance inattendue, les Allemands, dont l'artillerie n'avait pas cessé de tirer sur les fuyards, recommencent le bombardement. Nos pièces de 4, dont les avant-trains étaient abrités derrière les maisons longeant la route, avaient profité du mouvement de recul de l'ennemi pour atteler rapidement ; bientôt deux pièces sont hors d'atteinte et, au moment où la troisième va se mettre en marche, un obus tombe en plein sur la pièce, la démonte et blesse l'officier d'artillerie ; les chevaux de l'attelage tombent foudroyés et le sang qui s'échappe à gros bouillons de leurs blessures, inonde la route.

Les projectiles, habilement pointés, continuent à s'abattre sur ce point avec une rare précision ; artilleurs et mobiles, frappés par les éclats d'obus, gisent à terre ; blessés, la mitraille les déchire encore.

Dans le haut de Parigné, le capitaine Maladen, légèrement blessé, se retire avec quelques hommes de sa compagnie lorsque, à la sortie du bourg, il rencontre deux mitrailleuses qui viennent de s'embourber dans un fossé. Malgré la courageuse énergie dont fait preuve l'officier d'artillerie commandant cette section (1), les chevaux et le personnel sont impuissants à sortir de ce mauvais pas. Ces pièces vont devenir la proie de l'ennemi ; mais, le capitaine Maladen, n'écoutant que son courage, ordonne aux hommes qui le soutiennent d'aider les artilleurs à dégager les mitrailleuses, et cette opération, faite sous une grêle de balles, réussit parfaitement. Nos pièces sont sauvées (2), elles gagnent la route de Brette d'où elles se dirigent sur le Mans, escortées par nos mobiles.

II

Les débris du 70e mobiles à Pontlieue. — Nos pertes. — Le 70e mobiles reçoit l'ordre d'aller défendre Mulsanne. — Le général de Jouffroy nous ramène à Pontlieue. — Le commandant en chef ne peut accorder aucun repos à la division. — Lettre du général de Jouffroy.

Après avoir abandonné Parigné-l'Evêque, la brigade Pereira s'était repliée, une partie par la

(1) Ces deux mitrailleuses, commandées par le lieutenant d'artillerie Duhamel de la Batelière, dont la conduite avait été admirable, avaient fait beaucoup de mal à l'infanterie ennemie occupant le plateau des Laires.

(2) Voir général Chanzy, *La deuxième armée de la Loire*, p. 300.

grande route, l'autre par Ruaudin, tandis que le 70e mobiles se retirait par Brette d'où il avait gagné la route de Mulsanne. Sur tous les chemins aboutissant au Mans, on rencontrait des troupes débandées et sous le coup d'une folle terreur. La frayeur était telle qu'à leur arrivée à Pontlieue, quelques fuyards, contenus par des troupes qui avaient l'ordre de ne point les laisser entrer en ville, se jetèrent dans l'Huisne, malgré le froid, et traversèrent la rivière en amont du pont.

A quatre heures et demie du soir, les débris du 70e mobiles, ralliés par le lieutenant-colonel Delgal, étaient réunis à Pontlieue où se trouvait la division.

De nos trois bataillons naguère encore d'un effectif assez nombreux, il ne restait plus que dix-sept officiers et quatre cents mobiles. Dans cette journée, la brigade Pereira avait eu un officier tué, quinze blessés et 1,370 hommes tués, blessés ou disparus depuis le matin. En deux heures de combat, le 70e mobiles avait perdu six cents hommes (1); deux officiers avaient été tués, trois blessés et treize faits prisonniers; le régiment

(1) Dans ce nombre, les disparus (débandés n'ayant pas rejoint le corps ou prisonniers de guerre) doivent compter pour les trois quarts. Dans son livre. (*Die Gefechte des III Armée-Corps bei le Mans)*, le capitaine allemand von Twardowski, attaché pendant la guerre à l'état-major du 3e corps, dit bien que la 5e division s'empara de 2000 prisonniers à Parigné-l'Evêque, mais ce chiffre paraît exagéré et peut être contesté.

n'existait plus désormais que de nom et il était absolument hors d'état de tenir encore la campagne.

« Nous avons dit que pendant le combat, écrit » M. le docteur Fournier (1), environ vingt-cinq » blessés dont deux Prussiens avaient été transportés à la mairie transformée en ambulance. » Beaucoup d'autres furent recueillis dans les » maisons au-devant desquelles ils avaient été » frappés. Ce n'est que dans la soirée, et même » le lendemain, paraît-il, pour quelques-uns, » que les malheureux tombés dans les champs » couverts de neige, purent être enlevés et transportés dans les maisons du voisinage soit par » les Prussiens, soit par les habitants rentrés dans » leurs demeures. Il fallut trois jours pour se » rendre compte du nombre et de l'habitation des » blessés, et, pendant ce temps, plusieurs ne furent » soignés que par les personnes qui les avaient » recueillis.

» Outre ceux qui moururent le soir du combat » et le lendemain, nous eûmes à pourvoir aux » besoins de 122 blessés français (2). Ce nombre

(1) *Une commune de la Sarthe pendant l'invasion.*

(2) Les blessés du 70e mobiles, recueillis par les habitants de Parigné-l'Evêque, reçurent jusqu'à leur guérison les soins les plus touchants et les plus dévoués. Aussi suis-je certain d'être le fidèle interprète de tous les mobiles du Lot en assurant cette généreuse population, et particulièrement M. le docteur Fournier, de toute notre admiration et de toute notre reconnaissance pour leur belle conduite envers nos blessés et les honneurs rendus à nos morts.

» est loin de représenter tous les soldats atteints » de projectiles. Les plus légèrement blessés pu- » rent suivre la colonne française, et il nous resta » presque exclusivement des hommes atteints de » blessures moyennes ou graves. »

Par les récits qui précèdent, on peut aisément se rendre compte des dispositions d'esprit dans lesquelles nous nous trouvions à l'arrivée à Pontlieue. Chacun avait de grandes inquiétudes sur le sort des camarades tombés au pouvoir de l'ennemi ; l'absence du commandant Guiraudies, pour lequel tous les mobiles éprouvaient la plus vive sympathie, se faisait surtout particulièrement remarquer, lorsque, à la nuit, le 70e mobiles recevait l'ordre de se remettre en marche et d'aller défendre le village de Mulsanne, menacé par l'ennemi.

A cette nouvelle, un grand nombre de mobiles abandonnent les rangs ; des murmures, des récriminations éclatent et se manifestent tout haut. Le lieutenant-colonel Delgal doit rappeler sévèrement qu'avant tout nous sommes soldats, et que nonobstant la fatigue, nous devons obéir.

Nous partons. Le dégoût, l'indignation sont dans tous les cœurs ; à ce moment, chacun souhaite ardemment la mort : ce serait un bienfait, une délivrance.

Quoi ! des soldats exténués par des marches et des combats incessants, qui, dans cette journée, viennent de perdre plus de la moitié des leurs et faire trente-cinq kilomètres dans la neige, n'ont-ils pas mérité de se reposer une nuit dans la boue?

Quoi ! pendant que depuis vingt jours trois corps d'armée se reposent dans d'excellents cantonnements, ne se trouve-t-il pas des troupes fraîches pour les envoyer au combat?

Veut-on nous anéantir tout à fait?

Telles étaient nos réflexions.

Il est certain que si l'organisation de la défense eût été plus sérieuse dans ce rayon de Pontlieue où tout le monde commençait à perdre la tête, on eût pu croire à un acharnement prémédité contre notre malheureux régiment.

Fort heureusement le général de Jouffroy, qui vient d'apprendre ce qui s'est passé à Parigné-l'Evêque, se trouve sur la route de Tours. Il nous arrête au passage et nous ramène lui-même à Pontlieue, et là, après nous avoir félicités de notre belle conduite (1), il nous promet quelques jours de repos ainsi que des récompenses pour ceux qui se sont signalés par leur énergie au moment de la débâcle.

Dans Pontlieue, quelques mobiles parviennent à grand'peine à trouver un abri, car il est expressément défendu aux habitants de recevoir des soldats ; le plus grand nombre, transis, affamés, ayant pour la plupart perdu leurs capotes et leurs couvertures dans la bagarre, s'établissent sur les trottoirs. Et la neige tombe en épais tourbillons !

---

(1) Voir *La deuxième armée de la Loire*, errata note f.

Connaissant la fatigue et l'épuisement de ses troupes, le général de Jouffroy ne pouvait pas compter sur leur énergie habituelle pour une lutte immédiate. En conséquence, il adressa au commandant en chef une demande de quelques jours de repos pour réorganiser sa division ; mais le général Chanzy dut refuser et voici comment il s'exprime à ce sujet (1) :

« Le général de Jouffroy, par suite du détour » qu'il était obligé de faire en opérant sa retraite » par Mulsanne, alors qu'il aurait dû se porter » directement sur ses positions au-dessus de » Changé par Parigné, n'arriva que le soir sur le » plateau de Pontlieue ; il eut de plus le tort de » ramener ses troupes jusque dans le faubourg » et même de les engager dans la ville. Leur fa- » tigue était extrême, il faut le reconnaître, les » distributions ne leur avaient pas été faites exac- » tement par suite d'une mauvaise direction » donnée au convoi ; mais, quelles que fussent » les insistances du général pour obtenir de leur » faire passer la Sarthe et de leur donner un » repos qu'elles avaient bien mérité, le comman- » dant en chef qui sentait qu'une action générale » aurait lieu le lendemain et qu'il lui fallait toutes » les forces dont il disposait pour combattre, dut » maintenir ses premiers ordres, prescrire au gé- » néral de Jouffroy de distribuer immédiatement » des vivres et de prendre ses dispositions pour

(1) Voir *La deuxième armée de la Loire*, p. 304.

» se trouver, dès les premières heures du jour,
» sur les emplacements qui lui avaient été assi-
» gnés. »

Le général de Jouffroy, apprenant que sa demande était rejetée et voulant avant tout bien faire connaître le véritable état de ses troupes, écrivit au commandant en chef (1) :

« Pontlieue, le 10 janvier 1871 (10 h. 45).

» Mon général,

» Vos ordres sont exécutés. J'ai prescrit que
» toutes les troupes soient prêtes à prendre les
» armes demain matin à six heures.

» Mais je vous l'ai dit de vive voix, je vous
» l'ai fait savoir par mon chef d'état-major, ce
» n'est pas impunément qu'on impose à des sol-
» dats trois semaines de marches incessantes et
» de combats, que, sans tenir compte des rigueurs
» de la saison, du mauvais état de leurs chaus-
» sures et de leur habillement, on les conduit de
» succès en succès jusqu'aux faubourgs de Ven-
» dôme pour les faire passer ensuite, sans ad-
» mettre qu'ils soient entamés, au travers des li-
» gnes d'un ennemi dont la seule préoccupation
» était de nous envelopper.

» Ce soir, après avoir soutenu une lutte in-
» croyable depuis le 6, après être restés vingt-
» quatre heures sans manger, mes soldats, par
» une neige intense, couchent dans la boue sur
» la route de Tours.

(1) Voir *La deuxième armée de la Loire*, p. 571.

» Malgré tout, il faudra demain aborder Changé : nous y serons. J'en ai pour garant le zèle » et le courage des chefs de corps et le dévouement d'une partie de leurs soldats. Je ne peux » pas dire que nous y serons avant huit ou neuf » heures à peine. En raison des difficultés de la » situation, de l'insuffisance des cadres, je commettrais une grande faute en vous cachant, en » quoi que soit, la vérité. Si j'avais à ma disposition des troupes fraîches, je me ferais certainement fort de sauver le Mans par des manœuvres » hardies. Ces troupes fraîches, je ne les ai pas. » Je dois me renfermer strictement dans les limites de la voie qui m'est tracée. Je ferai pour le » mieux, c'est-à-dire ce qu'il est humainement » possible de faire. Il reste à savoir ce qu'est le » possible.

» Je vous prie d'agréer, etc.

Signé : de JOUFFROY.

» *P. S.* Le 70e mobiles a repris à l'ennemi 3 » pièces d'artillerie et 2 mitrailleuses dont l'ennemi s'était un instant emparé. Je demande que » ce régiment soit mis à l'ordre de l'armée. Aucune récompense n'a encore été accordée à ma » division. »

III

BATAILLE DU MANS.

(11 janvier 1871.)

Ordre de bataille de l'armée française. — La 3e division occupe les hauteurs du Tertre. — La bataille. — Résultats de la journée à cinq heures du soir. — Abandon de la Tuilerie. — Fausse alerte. — Nos souffrances durant la nuit du 11 janvier. — Situation de la division. — Billet du général de Jouffroy.

Le 11 au matin, la 3e division, renforcée d'un nouveau régiment, le 76e mobiles, se portait sur les emplacements qui lui avaient été assignés. Avant le départ, les troupes avaient bien été approvisionnées en munitions, mais, depuis le 9, il n'avait point été distribué de vivres.

La veille, les divers détachements de la 2e armée de la Loire avaient été partout repoussés; les armées du prince Frédéric-Charles et du grand duc de Mecklembourg serraient de près nos positions du Mans : tout présageait une grande bataille.

L'armée française occupait un front assez considérable, s'étendant depuis Arnage au sud jusqu'à Lombron au nord, par Yvré-l'Evêque : les troupes du 16e corps et les mobilisés de Bretagne à droite ; le 17e corps au centre et le 21e à gauche. Une nombreuse artillerie encombrait les avenues de Pontlieue, et cette vue inspirait quelque confiance aux troupes démoralisées par les échecs successifs qu'elles venaient de subir. Malheureusement, le général de Curten, prévenu trop tard, n'avait pu opérer sa rentrée dans nos lignes, et, par ce fait, la 2e armée allait se trouver privée du concours d'une douzaine de mille hommes qui eussent été un renfort d'une grande valeur (1).

A neuf heures, la 3e division était installée sur les hauteurs du Tertre, à l'ouest de Changé, se reliant par sa droite à la 1re division à cheval sur la route de Parigné-l'Evêque ; en raison des rudes épreuves de la veille, le général de Jouffroy laissa les débris du 70e mobiles en réserve au carrefour près du hameau de Pourry. Placés dans une dépression de terrain et environnés de bois très touffus, nous n'avions aucune vue du champ de bataille.

L'action s'engagea par la gauche et ne devint réellement sérieuse de notre côté que vers onze heures et demie. A ce moment, la 5e division du 3e corps allemand sortait de Changé et s'avançait sur le front de nos positions, pendant que, pour favoriser cette attaque, la 11e brigade du même corps s'était portée sur le château des Noyers, d'où elle devait se rabattre ensuite sur sa gauche.

(1) Ces troupes étaient destinées à occuper les positions qui furent abandonnées par les mobilisés de Bretagne.

Un instant repoussée, notre division reprend bientôt l'offensive et se maintient énergiquement sur ses positions. Des renforts sont envoyés de Pontlieue par l'amiral Jauréguiberry et l'ennemi est contenu.

A trois heures du soir, le bruit de la bataille devient très-intense : le grincement des mitrailleuses, le crépitement de la fusillade, les feux de peloton et plus de cent pièces de canon tonnant à la fois, déchirent les airs et produisent un vacarme épouvantable ; les sapins, broyés par les obus, font entendre des craquements plaintifs et, par intervalles, la voix puissante des grosses pièces de marine domine cette étrange musique.

Les balles ennemies arrivaient avec plus de force au point occupé par le 70e mobiles ; le lieutenant-colonel Delgal se porte aussitôt en avant avec tout son monde et prend position dans le bois à droite du chemin. Nos tirailleurs sont assez heureux pour arrêter un instant la marche d'une colonne ennemie qui était parvenue à se glisser dans les bois près de la ferme du Grand-Auneau ; d'autres troupes accourent au sud par le chemin aux Bœufs, et les Prussiens sont rejetés en arrière.

« A la nuit, l'action s'arrêtait. Vigoureusement contenu sur tout son front, le 3e corps ne s'était pas avancé ; à six heures du soir, ses avant-postes étaient au nord, près du château des Arches, au centre près du Tertre; au sud, la gauche avait été obligée de reculer jusqu'au château de la Paillerie, après une tentative infructueuse de deux bataillons du 79e (10e corps) arrivés au dernier moment avec le général Schmidt (1). »

Ainsi, malgré sa fatigue, la 3e division s'était solidement maintenue sur ses positions (2) et avait même gagné quelque peu de terrain ; le 76e mobiles s'était montré très-vigoureux, et l'intervention du 70e mobiles à la droite de la division n'avait pas été sans résultat.

Il était six heures du soir ; le combat avait cessé et le résultat de la journée était, disait-on, en notre faveur, lorsque, soudainement, des cris, des clameurs confuses, parviennent jusqu'à nous.

Les mobilisés bretons, surpris par une compagnie prussienne, viennent d'abandonner l'importante position de la Tuilerie sur la route de Tours et s'enfuient épouvantés.

A cette vue, la panique gagne les troupes voisines et se communique peu à peu tout le long du chemin aux Bœufs.

De notre côté, quelques fuyards qui abandonnent le champ de bataille sans savoir pourquoi, répandent les bruits les plus alarmants : « Nous sommes cernés, l'ennemi est dans le Mans, disent les uns ; les Prussiens viennent d'enlever deux pièces de canon en avant de nous, disent les autres. »

Tout à coup, devant nous, des clairons sonnent

---

(1) Voir A. Le Faure, *Histoire de la guerre franco-allemande de 1870-71*, p. 348.

(2) Voir *La deuxième armée de la Loire*, page 320.

la charge, des cris de : en avant ! se font entendre; on voit des officiers de la ligne se démener et faire des efforts désespérés pour entraîner leurs troupes : c'est un tohu-bohu inexprimable.

Qu'y-a-t-il ? Que se passe-il ? Tout le monde l'ignore. Quelques troupes, accablées de fatigue, s'en préoccupent fort peu d'ailleurs, car, sur le chemin du Tertre, des compagnies entières ne bougent pas à l'appel du clairon et des officiers ne parviennent qu'à grand'peine à faire lever leurs hommes couchés.

Bientôt le tumulte s'apaise et s'éteint graduellement ; c'est une fausse alerte, dit-on.

Vers sept heures, nous reprenons notre emplacement du matin et là nous attendons vainement qu'on nous envoie passer la nuit au Mans ou tout au moins qu'on nous fasse une distribution de vivres.

Alourdis par la fatigue, affamés, transis de froid, nous nous serrons les uns contre les autres pour nous réchauffer, mais la lassitude est à son comble ; quelques mobiles, ne pouvant plus se soutenir, s'affaissent sur les talus du chemin et tombent lourdement comme une masse inerte : d'autres, se traînent à quelques pas dans le bois et, avec la crosse de leurs fusils, se creusent comme une tombe dans la neige.

Nulle plume ne saurait décrire les souffrances endurées pendant cette nuit sinistre du 11 janvier : le froid, la faim, la neige, un ciel noir et l'ennemi qu'ont sent grouiller autour de soi dans le bois : c'est lugubre.

Dans la nuit, le commandant en chef recevait de bien mauvaises nouvelles. On lui annonçait notamment que la division de Jouffroy avait abandonné ses positions, ce qui était entièrement inexact ; mais cette journée était bien le dernier effort de ces troupes épuisées de fatigue et il était impossible qu'elle pût se maintenir le lendemain.

Et puis, pas de pain, pas de soldats ! dit un vieux proverbe militaire : rien de plus vrai.

Pour démentir les bruits qui couraient sur sa situation, le général de Jouffroy envoya au commandant en chef le billet suivant qui, dans son laconisme, peint mieux l'état réel dans lequel nous nous trouvions que ne sauraient le faire les pages les plus éloquentes :

« Petit-Finet, 11 janvier 1871.

» Mon général,

» Je suis sur la route, à hauteur du Petit-Finet ; mes troupes n'ont ni eau, ni vivres d'aucune espèce.

» Mon chef d'état-major n'a pas pu vous dire que l'ennemi avait pris deux canons de 4. J'ai conservé des positions gagnées à la fin de la journée.

» Je fais occuper par un régiment le château de Lepau. Mes corps sont sur les dents, et ils n'ont pas mangé depuis quarante-huit heures ; les chevaux d'artillerie n'ont pas bu depuis plusieurs jours (1).

» *Signé* : DE JOUFFROY. »

---

(1) Voir *La deuxième armée de la Loire*, page 578.

IV

Situation critique de l'armée française. — Défaillances des troupes. — Le 70e mobiles reçoit l'ordre de se porter sur le château des Noyers. — Le dernier combat du régiment. — La retraite.

Au point du jour, les Prussiens occupaient toujours la Tuilerie.

Cette importante position, considérée comme la clé du Mans, domine la ville et commande les routes de Parigné-l'Evêque, de Tours et de la Flèche. De là, les Allemands pouvaient bombarder la ville ou bien, se portant en masse sur Pontlieue d'un côté et sur le pont des Noyers de l'autre, ils pouvaient couper la retraite aux troupes françaises établies sur la rive gauche de l'Huisne.

La situation de l'armée était grave. Nos soldats, démoralisés, étaient incapables du moindre effort. La plupart refusaient de combattre et gagnaient Le Mans; les troupes envoyées pour reprendre la Tuilerie s'étaient débandées aux premiers coups de feu. Essayer de lutter encore dans ces conditions, c'eût été courir au-devant d'une catastrophe : le commandant en chef dût songer à la retraite.

Dès le matin, l'artillerie et les convois allaient se mettre en sûreté derrière la Sarthe et quelques corps commençaient leur mouvement de retraite.

A neuf heures du matin, les derniers débris du 70e mobiles n'avaient point encore reçu des vivres. Pendant la nuit, quelques défaillances s'étaient produites parmi nous. Des officiers et un assez grand nombre de mobiles avaient gagné Le Mans pour tâcher de se réconforter; là, voyant les préparatifs de retraite, ils avaient songé à se mettre les premiers en sûreté et n'avaient pas rejoint leurs camarades sur le champ de bataille.

Ces hommes qui, assurément, n'auraient pas reculé dans le combat, avaient été vaincus par le froid et la faim; mais il n'importe, ils avaient déserté et abandonné leur régiment en face de l'ennemi.

Le 70e mobiles ne se composait plus désormais que de sept officiers et de deux cents hommes; un bataillon de quatre compagnies fut organisé avec ces derniers débris.

Cette terrible nuit de bivouac avait achevé de nous briser, et les souffrances, la lassitude, la tristesse, le découragement se lisaient sur tous les visages. Hâves, déguenillés, les chaussures en lambeaux, nous ressemblions à des mendiants armés. Quelques mobiles pleuraient de misère, d'autres, devenus insensibles, avaient l'air parfaitement inconscients de ce qui se passait autour d'eux.

A neuf heures et demie, un officier d'état-major vint porter un ordre au lieutenant-colonel. C'est l'ordre de la retraite, pensâmes-nous, mais nous fûmes vite désappointés.

— « Colonel, dit tout haut l'officier, il faut prendre une vigoureuse offensive et vous porter immédiatement au château des Noyers où vous vous maintiendrez énergiquement jusqu'à nouvel ordre. »

— Pour toute réponse, le lieutenant-colonel nous montrant du doigt : « Voilà mon régiment ; deux cents hommes à peine, sans vivres depuis trois jours, et incapables de se mouvoir. »

Avez-vous des cartouches ? demanda l'officier, dont la figure empourprée, le *londrès* aux lèvres, témoignaient qu'il avait amplement déjeuné.

Mais l'ordre était donné, il fallait l'exécuter et pousser jusqu'au bout l'abnégation et le sacrifice ; le lieutenant-colonel obtint cependant d'envoyer des corvées à Pontlieue chercher des vivres : ces corvées devaient venir nous rejoindre sur le champ de bataille.

Un habitant du hameau de Pourry voulut bien accepter de nous guider à travers les bois, et nous nous dirigeâmes vers les Noyers.

La nature avait revêtu ses habits de deuil ; une brume intense obscurcissait le jour et empêchait de distinguer nettement les objets à quinze pas devant soi. Le canon, qui n'avait cessé de se faire entendre la veille, ne tonnait plus qu'à de rares intervalles et ses accents avaient quelque chose de profondément lugubre.

A un moment donné, la canonnade retentit un peu plus fortement dans la direction d'Ivré-l'Evêque ; bientôt des balles parvinrent jusqu'à nous.

La colonne suivait un petit chemin dans les bois où deux hommes pouvaient à grand'peine marcher de front, et, à deux cents mètres en avant, nous étions une vingtaine d'hommes en avant-garde.

Nous avions à peine parcouru quatre cents mètres, et rien n'indiquait la présence immédiate de l'ennemi quand, tout à coup, à un détour du chemin, nous fûmes fusillés presque à bout portant par un groupe de Prussiens en embuscade. Pas un de nous, fort heureusement, ne fut atteint par cette décharge.

D'un bond, chacun courut s'abriter derrière un sapin et on se mit en devoir de riposter ; mais, pour comble d'infortune, nos chassepots se ressentaient plus que nous encore de cette nuit passée dans la neige : la plupart, rouillés, refusaient de fonctionner. Cependant le danger était imminent, nous avions une trentaine d'hommes à vingt pas de nous et nous ne pouvions reculer sous leur feu sans courir les plus grands risques.

« Baïonnette au canon, dit tout bas l'officier, et en avant ! »

Aussitôt, chacun de nous sort de derrière l'arbre qui l'abrite et court à l'ennemi. Les Prussiens, surpris de ce mouvement, s'enfuient à notre approche ; cependant deux des leurs sont frappés avant qu'ils aient eu le temps de se reconnaître, deux sont fusillés à bout portant, un autre est blessé au bras par une balle.

Excités par ce succès, nous nous laissons entraîner à la poursuite. Les Allemands vont être rejoints dans une clairière et tomber entre nos mains, lorsque nous sommes assaillis à notre tour par des forces considérables; une nombreuse infanterie s'avance en poussant des cris assez semblables à des hurlements de fauves : on dirait une bande de loups affamés.

Ne pouvant tirer sur nous de crainte de blesser les leurs, les Prussiens cherchent à nous envelopper en se jetant sur notre droite. A cette vue, nous faisons brusquement demi tour sans oublier nos jambes ; deux cents mètres en arrière sont vite parcourus, et là nous rencontrons un renfort d'une soixantaine d'hommes envoyés à notre secours par le lieutenant-colonel : nous sommes dégagés sans avoir perdu un seul homme et nous ramenons un prisonnier.

Lorsque l'ennemi, continuant sa marche, ouvrit le feu sur nous, nous étions déjà déployés en tirailleurs et bien couverts ; ses balles se perdaient dans l'espace ou frappaient violemment les sapins. De notre côté, trente hommes au plus pouvaient faire usage de leurs armes ; les autres faisaient nombre. Toutefois, les Allemands nous croyant plus nombreux et résolus ainsi que nous venions de le montrer, n'osaient pas avancer ; notre énergique attitude, bien plus que notre faible feu, les maintenait à distance.

Le terrain que nous occupions était admirablement disposé. Toute la ligne des tirailleurs était placée dans un fossé d'un mètre de profondeur, sorte de tranchée-abri, et, en arrière, des fossés semblables, creusés de distance en distance pour faciliter l'écoulement des eaux, allaient bientôt favoriser puissamment notre mouvement de retraite par échelons.

Il était près de onze heures lorsque le lieutenant-colonel nous envoya l'ordre de nous retirer et de le rejoindre rapidement à Pontlieue où il se dirigeait avec le reste du régiment. L'ordre de retraite était parvenu depuis longtemps à la division qui, déjà, avait franchi la Sarthe sans nous et se dirigeait sur Conlie.

Les Allemands se rapprochaient peu à peu pendant qu'une colonne nous tournait sur notre gauche, du côté de l'Huisne. La situation se compliquait ; il fallait déguerpir promptement.

Alors la droite de la chaîne des tirailleurs se porta avec rapidité dans le fossé en arrière et, dès qu'elle fut établie, la gauche, protégée par son feu, se replia à son tour, et alla prendre position un peu plus en arrière.

Ce mouvement continua ainsi l'espace de trois cents mètres environ ; les Allemands avançaient rapidement et menaçaient de plus en plus de nous envelopper, lorsque, après avoir contourné un taillis impénétrable qui allait nous dérober un instant à la vue de l'ennemi, nous nous décidâmes à mettre en œuvre les grands moyens. Le sentiment du danger nous avait fait retrouver toute notre énergie et nous commençâmes immédiatement une course échevelée jusqu'à la route de Parigné-l'Evêque.

Nous passâmes ainsi, sans nous arrêter, sans regarder en arrière, devant une compagnie de troupes de ligne en train de faire tranquillement le café.

— Où allez-vous ? Que se passe-t-il ? nous criaient les soldats étonnés.

— Nous allons aux vivres, répondîmes-nous ; mais les *lignards* avaient l'air de trouver assez drôle cette façon d'aller en corvée.

Lorsque nous eûmes dépassé les soldats, nous leur criâmes : tenez vous prêts, voilà les Prussiens.

Les souffrances nous avaient rendus profondément égoïstes ; nous étions heureux de mettre entre nous et l'ennemi cette barrière humaine qui allait nous permettre d'atteindre Le Mans.

En effet, bientôt après une violente fusillade nous apprenait que les troupes de ligne étaient aux prises avec l'ennemi.

A onze heures et demie, nous avions rallié nos camarades à Pontlieue ; à ce moment, les Prussiens commençaient à bombarder Le Mans ; les obus pleuvaient sur la gare et dans les faubourgs.

Quelques vivres, lard et biscuit, nous furent immédiatement distribués et nous prîmes place à la queue d'une colonne de troupes appartenant au 17e corps.

Hommes, chevaux, caissons, canons se pressaient, s'entassaient aux abords de l'Huisne ; toute cette masse voulant s'engouffrer à la fois sur le pont, s'encombrait, et cette précipitation retardait le mouvement. Nous n'avancions qu'avec une lenteur excessive : un pas de minute en minute.

Quand vint notre tour de nous engager sur le pont, le génie plaçait les poudres pour le faire sauter; les obus tombaient à proximité, un accident était à craindre : aussi nous tardait-il vivement d'avoir franchi la rivière.

A midi et demi seulement, nous étions de l'autre côté de l'Huisne; la colonne se dirigea vers la ville, nous suivîmes le mouvement.

V

LA RETRAITE SUR LA MAYENNE.

Le régiment de gendarmerie à pied. — L'armée évacue Le Mans. — Désolation des habitants. — La déroute du 17e corps. — La démoralisation. — Scènes de la retraite. — Pillage du camp de Conlie. — Les derniers combats de la 2e armée de la Loire. — Passage de la Mayenne. — Cantonnement d'Audouillé.

A la sortie de Pontlieue, un bien beau spectacle frappait nos regards : c'était un régiment complet de gendarmerie à pied.

Colonel en tête, ces braves gendarmes, à la physionomie martiale, allaient disputer l'entrée de la ville à l'ennemi.

Quand il ne resterait plus un homme, plus un caisson, quand l'armée entière serait en sûreté et que les ponts auraient sauté en leur présence, alors seulement ils se retireraient.

A voir défiler ainsi, dans une tenue d'autrefois, calmes, héroïques, ces hommes robustes, fortement constitués et qui, presque tous, portaient sur leur poitrine les insignes de l'honneur ou les médailles de leurs campagnes, on songeait involontairement à quelque épisode de nos grandes guerres de l'empire : la retraite de Russie et la garde impériale.

Cette belle troupe, marchant fièrement dans un silence et dans un ordre parfaits, contrastait singulièrement avec la débandade du reste de l'armée.

Nous traversâmes assez facilement une partie de la ville, mais bientôt la colonne dût s'arrêter par suite de l'encombrement des troupes dans les rues avoisinant la Sarthe. Nous profitâmes de cette halte forcée pour chercher rapidement quelque chose à manger.

Mais tous les restaurants, cafés, pâtisseries et boulangeries à proximité, étaient envahis et comme pillés par une foule avide, tant étaient grands le besoin de prendre quelque nourriture et l'empressement à se faire servir. Or, le canon tonnait fortement, les projectiles s'abattaient avec fracas sur divers quartiers de la ville, et les débitants effrayés ne trouvaient rien à nous donner de ce qu'ils avaient parfois sous la main.

Enfin la colonne s'ébranla, nous franchîmes la

Sarthe ; le mouvement, lent d'abord, s'accentua de plus en plus.

Sur tout le parcours, les habitants éplorés se pressaient aux fenêtres assistant à ce triste spectacle de notre fuite : les femmes et les enfants pleuraient, tout le monde était dans la désolation.

Ah ! c'est que cette attente de l'ennemi, cette perspective du meurtre, de l'incendie et du pillage, n'a rien que de profondément désolant. Ces angoisses sont terribles.

Pauvres habitants, si bons, si patriotes ! leur attitude malheureuse semblait nous dire : Combien nous serions heureux si nous pouvions vous suivre et fuir avec vous !

— Nous arrivâmes bientôt à l'extrémité de la ville. Là, malgré nos souffrances, malgré nos fatigues et nos émotions, nous éprouvâmes un vif sentiment de satisfaction. Désormais, nous avions deux rivières et des troupes en nombre encore assez considérable entre nous et le vainqueur.

Trois routes s'offraient à nous ; celles de Laval, de Sillé-le-Guillaume et d'Alençon. Des cavaliers, placés à l'embranchement de ces routes, criaient : « Par ici le 17e corps ! ici le 16e ! » et les troupes emmêlées se dirigeaient immédiatement dans les directions assignées à leurs corps respectifs.

Nous prîmes la route de Sillé-le-Guillaume.

Il y avait sur cette route un encombrement fantastique : charrettes de vivres, caissons, canons, fourgons du train, voitures de particuliers fuyant l'invasion, infanterie, cavalerie, le tout dans un désordre indescriptible. Ici, un lourd cuirassier sans monture, se traînant péniblement dans la neige; là, un chasseur à pied monté sur un cheval de lancier; plus loin, des spahis en manteaux rouges, juchés sur des caissons. Et toute cette foule morne, silencieuse, consternée, n'avait qu'un souci, qu'une préoccupation : avoir de l'espace devant soi et marcher.

Voilà la retraite d'une grande partie du 17e corps; la déroute était complète.

Le matériel roulant occupant toute la chaussée, cavaliers et fantassins suivaient les banquettes. Or, comme la neige recouvrait entièrement les fossés de la route, il arrivait parfois que le terrain se dérobait tout à coup sous nos pieds et que nous nous enfoncions dans la neige; comme aussi, bien souvent, la glace rompait sous notre poids et nous nous trouvions plongés dans l'eau jusqu'aux genoux.

Six à sept kilomètres furent ainsi parcourus. A trois heures du soir, nous fîmes halte pour nous reposer un moment dans un petit village occupé depuis plusieurs jours par un bataillon de mobiles sans ordres qui n'avait pas encore vu le feu. . .

Après un repos de trois quarts d'heure, le lieutenant-colonel Delgal donnait le signal du départ, car les uhlans étaient en vue sur nos derrières, disait-on.

Il était huit heures du soir lorsque nous nous arrêtâmes pour passer la nuit dans un village, à quatre ou cinq kilomètres de Conlie.

Exténués, brisés, moulus, totalement incapables de pousser plus loin, nous avions dû forcément nous arrêter ; nos jambes avaient fourni tout ce qu'elles pouvaient donner : vingt kilomètres dans la neige avaient été parcourus.

Quelques-uns d'entre nous parvinrent à trouver un abri dans des maisons déjà remplies de soldats; d'autres, et c'était le plus grand nombre, se blottirent derrière des murs et s'abandonnèrent à la plus terrible des insomnies.

Par moments, un roulement confus, des bruits vagues, quelque chose comme le piétinement d'un troupeau de moutons qui se hâte, nous indiquait que le mouvement de retraite de nos troupes continuait toujours. Notre anxiété était vive, de sinistres pensées nous assaillaient : peut-être étions-nous les dernières troupes françaises et peut-être aussi les uhlans étaient-ils là, tout près ?

Ah ! que nous eussions voulu pouvoir marcher encore, marcher toujours ; fuir, gagner Laval, Angers, Cahors, rentrer dans nos familles, que sais-je ? Nous étions complétement démoralisés et cette journée venait de nous achever.

Les conditions physiques et morales dans lesquelles nous nous trouvions depuis le 6 janvier, expliquent suffisamment notre état d'abattement et de prostration.

Le froid était vif et le repos impossible, car nous aurions été gelés. Des feux de bivouac furent allumés et nous nous groupâmes autour sans parvenir à nous réchauffer. La chaleur du feu faisait fondre la neige qui recouvrait nos vêtements; ceux-ci s'imbibaient d'eau, sans se sécher, et dès que nous nous exposions à l'air vif du matin, ils se glaçaient de nouveau sur notre corps.

Le 13, à huit heures du matin, nous nous remettions en marche.

On comprend de reste qu'une pareille nuit n'avait pu nous délasser. Beaucoup de mobiles sans chaussures, ayant les pieds meurtris, endoloris, ne purent suivre la colonne. De temps en temps, des artilleurs, émus de pitié à la vue de ces malheureux, leur faisaient place sur les caissons ou les laissaient monter sur les affûts.

La retraite continuait; l'encombrement, le désordre étaient les mêmes que la veille.

Sans ordres, sans itinéraire, ignorant ce qu'était devenue la division, nous marchions à l'aventure, suivant le mouvement général.

Nous traversâmes dans la matinée le bourg de Conlie et, après l'avoir dépassé, nous aperçûmes, à droite, ce fameux camp dont on avait tant parlé et qui n'avait produit que le désordre et la confusion. C'était une vaste redoute garnie d'embrasures non armées; une foule considérable se pressait à l'intérieur; des cris, des clameurs confuses parvenaient jusqu'à nous : on eût dit un champ de foire. Nous fîmes halte.

A ce moment, des troupes, sortant du camp, passèrent devant nous, portant des vivres de toute espèce. Parmi ces troupes, on remarquait un bataillon de mobilisés dont les soldats étaient ivres et chantaient ; quelques-uns portaient de grands bidons de campement pleins d'eau-de-vie, buvaient à même et les faisaient passer ensuite à leurs camarades.

Ce triste spectacle, au milieu de nos défaillances, soulevait le cœur de dégoût ; un instant, l'indignation nous dominant, nous fûmes tentés, conjointement avec des troupes de ligne, de tomber sur cette canaille et de la rouer de coups avec la crosse de nos fusils. Mais la raison l'emporta, nous nous dîmes : « Il y a là-bas des vivres qu'on emporte, qu'on pille, qu'on détruit, pourquoi n'en prendrions-nous pas à notre tour, nous qui sommes affamés ? »

Nous quittâmes les rangs en très-grand nombre et courûmes vers le camp.

Ce ne fut pas sans peine que nous réussîmes à nous frayer un chemin à travers la foule et que nous parvînmes aux barraques de l'administration. Là, tout portait les traces d'un récent pillage, mais il y avait encore d'immenses approvisionnements.

La vue de ces vivres et de ces effets uniformément rangés, était faite évidemment pour tenter des hommes complétement dépourvus de tout. Les officiers et employés de l'intendance faisaient les récalcitrants, essayant, pour acquit de conscience, de défendre l'entrée des magasins ; mais, comme ils n'étaient pas aimés du reste de l'armée, eux qui vivaient dans l'abondance tandis que nous crevions littéralement de faim, on allait leur faire un mauvais parti, lorsqu'un escadron de cavaliers arabes, requis pour faire évacuer la redoute, arriva sabre au poing, menaçant et prêt à charger.

A cette vue, mobiles, mobilisés, soldats de la ligne, se rallièrent par petits groupes et chargèrent leurs armes, se préparant à soutenir le choc : un coup de sabre et la guerre civile était dans le camp.

Cependant les arabes, décontenancés, n'osèrent faire usage de leurs armes ; puis, entraînés, eux aussi, par l'exemple, ils donnèrent les premiers le signal du pillage en s'emparant de fusils et de révolvers dans les magasins d'armes ; nous courûmes aux vivres et aux magasins d'habillement.

En quelques minutes, nous fûmes abondamment pourvus et nous sortîmes du camp emportant capotes, pantalons, couvertures, pains de munition, pains de sucre entiers, lard, etc. ; quelques mobiles emportaient plus de soixante livres de divers objets. Nous rejoignîmes nos camarades restés sur la route ; le butin fut partagé et la colonne reprit sa marche.

Dans la soirée, nous nous arrêtâmes près de Sillé-le-Guillaume et nous pûmes nous loger tous dans des fermes ou des granges où nous passâmes une excellente nuit. Le 14, nous repartions plus dispos et nous retrouvions enfin notre division à Rouez ; le soir venu, nous fûmes de nouveau cantonnés dans des habitations près de Rouessé-Vassé.

Toutefois, le moral était toujours le même, car

le canon grondait fortement sur nos derrières ; l'ennemi nous poursuivait.

Le 15, la canonnade retentissait très-fortement à notre droite et à notre gauche ; plus de trêve, plus de repos, la poursuite à outrance. Ah ! ce maudit canon, comme il nous impressionnait, combien sa voix était désagréable à nos oreilles, combien nous eussions voulu ne pas l'entendre ! A en juger par l'intensité du feu, c'était une vraie bataille qui était engagée. En effet, le 21e corps résistait énergiquement et culbutait l'ennemi à Sillé-le-Guillaume, pendant que le 16e luttait non moins héroïquement à St-Jean-sur-Erve. Notre corps, incapable d'une résistance sérieuse, n'eût fort heureusement à soutenir que quelques escarmouches d'avant-postes.

Cette journée était la dernière de la campagne. Notre division se replia sur Evron pendant la nuit, et nous couchâmes dans l'église de ce village.

Le 16, nous poussâmes jusqu'à Montsurs où était rassemblé le reste du 17e corps ; là seulement, on commença à se reconnaître un peu, et les corps débandés remirent un peu d'ordre dans les rangs. Un grand nombre de mobiles, rencontrés sur notre chemin, avaient rallié le régiment ; nous étions près de cinq cents hommes.

Le temps était effroyable, une neige mêlée de pluie ne cessait de tomber. La nuit, le froid était très-intense, le sol se couvrait d'une couche de verglas, ce qui rendait les chemins presque impraticables dans la matinée, comme aussi les marches de l'après-midi étaient fort pénibles dans la boue mêlée de neige. Constamment mouillés jusqu'aux os, nos vêtements ruisselants nous glaçaient le corps.

En outre, les convois égarés n'avaient pu suivre les colonnes et il ne fallait pas songer à avoir des vivres de l'administration ; aussi, fûmes-nous obligés de faire quelques réquisitions, ce qui nous répugnait beaucoup. L'argent était très-rare dans le régiment ; les petits bureaux de poste n'avaient pas assez de fonds en caisse pour nous rembourser nos mandats, nous trouvions difficilement à échanger des billets de banque et nous ne recevions pas de solde : bref, la situation n'était pas brillante et ne contribuait en rien à relever nos courages abattus.

C'est surtout dans ces journées pénibles que s'affirmaient entre nous une fraternité et une solidarité touchantes ; il n'existait aucune différence de conditions : ni riches ni pauvres, les bourses et les vivres étaient en commun.

Le 17, l'armée entière exécuta son dernier mouvement de retraite et alla s'établir sur la rive droite de la Mayenne.

Nous traversâmes la rivière à Montgiroux et nous fûmes désignés pour garder le pont de cette localité. Dans la nuit, un bataillon de marins, qui avait l'ordre d'enlever le village, allait y pénétrer à la baïonnette lorsque, rencontrant nos sentinelles, il fut tout étonné d'avoir affaire à des mobiles alors qu'il supposait les Prussiens maîtres de la position.

Les marins nous remplacèrent à Montgiroux et nous allâmes prendre nos cantonnements à Andouillé où nous devions rester quelques jours pour nous réorganiser.

VI

Le 70e mobiles se refait un peu à Andouillé. — L'armée se reconstitue. — Le moral des troupes. — Nouveau plan de campagne. — L'armée de Bretagne. — Laval. — L'armistice. — Ordre du jour du commandant en chef. — Les élections. — Le 70e mobiles va occuper Forcé.

Les jours suivants, de nombreux débandés rejoignirent le régiment à Andouillé et il fut possible de reconstituer un bataillon en attendant mieux.

Désormais la solde, les distributions eurent lieu régulièrement ; nous fûmes pourvus des effets les plus indispensables et abrités contre le froid et la pluie ; nous respirions enfin un peu, et il était temps, car, depuis sa formation, la division n'avait pas goûté un seul instant de repos.

Ce bien-être relatif nous fit promptement oublier nos souffrances : au bout de quelques jours, nous étions plus dispos et presque en état de reprendre la campagne.

Le commandant en chef de la deuxième armée

de la Loire songeait d'ailleurs à recommencer bientôt les hostilités et activait la réorganisation des corps. Les divisions se reconstituaient rapidement, des renforts venaient compléter les effectifs des régiments, des exercices avaient lieu et les jeunes troupes achevaient de s'instruire. En quelques jours, cette armée, qu'on croyait anéantie, se retrouvait de nouveau debout, prête à marcher.

Cependant, il faut bien le dire, le moral, très-affaibli par suite des fatigues et des privations, par suite surtout de nos défaites successives et des retraites toujours tristes et pénibles, se relevait difficilement. Autour de nous, partout le même découragement; toutes les troupes, convaincues que la lutte était impossible, manquaient de confiance dans le succès final. « A quoi bon nous battre et que sert de nous faire tuer inutilement, si nous sommes toujours vaincus? disaient les soldats. » Chacun désirait ardemment la fin de la guerre.

Or, une armée qui se bat dans ces conditions est une armée perdue, malgré l'habileté de ses généraux.

Le 27 janvier, la réorganisation de l'armée était à peu près achevée, les opérations militaires allaient être reprises.

Un nouveau plan de campagne avait été conçu, deux armées venaient d'être formées : l'une, sous les ordres du général de Colomb, devait défendre la Bretagne, tandis que l'autre, commandée par le général Chanzy, était destinée à reprendre la marche sur Paris en s'appuyant à la Seine et en combinant intimement ses efforts avec l'armée du général Faidherbe.

Désormais notre corps, moins la 1re division qui passait au 16e, faisait partie de l'armée de Bretagne et en formait le principal élément, car le reste ne se composait, en grande partie, que de mobilisés et de francs-tireurs. La deuxième armée de la Loire venait d'être renforcée d'un nouveau corps, le 19e ; l'ensemble de ces forces s'élevait à près de deux cent cinquante mille hommes.

Le 29, les 2e et 3e divisions du 17e corps reçurent l'ordre de se porter sur Laval pour remplacer sur leurs positions les troupes de la deuxième armée qui allaient commencer immédiatement leurs mouvements pour se concentrer en avant de Caen.

Nous quittâmes Andouillé à dix heures du matin, et, à trois heures du soir, nous étions cantonnés au Point-du-Jour, à Laval.

Dès notre arrivée, la triste nouvelle de la capitulation de Paris se répandait dans la ville ; on parlait en même temps d'un armistice conclu avec l'ennemi : des mobiles coururent aux renseignements et, en effet, la nouvelle était exacte.

La chute de la grande ville nous impressionna fortement ; d'un autre côté, nous fûmes généralement satisfaits de la conclusion de l'armistice, qui, dans notre pensée, n'était que le prélude de la paix. Or, c'était le repos, c'était la fin de nos souffrances et de nos dangers ; c'était le retour dans nos foyers, et Dieu sait s'il nous tardait de revoir nos familles justement anxieuses !

Le 31 janvier, l'ordre du jour suivant nous faisait connaître la situation nouvelle résultant des événements qui venaient de se produire à Paris.

ORDRE GÉNÉRAL

« Officiers et soldats de la deuxième armée,

» Un nouveau coup nous frappe, mais ne doit » ni ne peut nous abattre. Après une lutte héroï- » que qui a duré près de cinq mois, après des » souffrances et des privations noblement suppor- » tées, alors que toute ressource était épuisée à » Paris, le gouvernement de la Défense nationale » a dû conclure, le 28 janvier, à Versailles, avec » l'ennemi, une convention dont la conséquence » est un armistice de vingt-un jours, expirant le » 19 février.

» Quelle que soit pour vous la situation que » crée cette mesure, alors que, confiants en votre » bon droit, animés par votre patriotisme, vous » alliez tenter de nouveaux efforts, la parole du » gouvernement engagée doit être loyalement res- » pectée : les hostilités sont suspendues.

» Une assemblée est convoquée, elle saura af- » firmer que la France entend que son honneur » reste intact comme son territoire.

» Le devoir pour vous est de mettre ce repos » forcé à profit pour vous préparer à reprendre » la lutte, si des prétentions orgueilleuses rendent » une paix honorable impossible.

» Sans autre idée que de sauver la patrie, vous

» resterez l'armée de l'ordre et de la Défense na-
» tionale, prête à tous les sacrifices, animée d'un
» seul désir, celui de combattre à outrance jusqu'au
» triomphe, d'un seul sentiment, celui de la ven-
» geance, si le but de l'Allemagne est de nous
» opprimer, de nous réduire et de nous humilier.

» Au grand quartier général de Laval, le 31
» janvier 1871.

» *Le général commandant la deuxième armée,*

» Signé : CHANZY. »

Le 8 février, des élections générales pour la nomination d'une Assemblée nationale eurent lieu dans toute la France ; les troupes prirent part au vote.

Malgré plusieurs dépêches envoyées à Cahors, le lieutenant-colonel Delgal ne put obtenir à temps communication des listes de candidats ; le général de Colomb, candidat lui-même, avait négligé de nous le faire savoir ; aussi, nous votâmes sur des suppositions et nos suffrages furent insignifiants.

Du 1er au 9 février, le 70e mobiles et le 1er bataillon de chasseurs à pied occupèrent alternativement le village de Forcé-sur-la-Jouanne ; à partir du 9, le 70e mobiles s'installa tout à fait dans ce dernier village et dans les environs pour surveiller les routes de Sablé et de Bazougers.

En prévision d'opérations ultérieures, la Jouanne, cours d'eau ayant une certaine importance, affluent de gauche de la Mayenne, devait former une première ligne de défense.

VII

Le général de Jouffroy quitte le commandement de la 3e division. — Son ordre d'adieux. — Nos débandés causent une mauvaise impression dans le Lot. — Lettre du général de Jouffroy. — La deuxième armée se porte au sud de la Loire. — Les négociations de paix. — Réorganisation et instruction militaire du 70e mobiles.

Depuis longtemps, le général de Jouffroy réclamait des récompenses pour sa division; de nombreuses actions d'éclat s'étaient produites, des officiers et des soldats s'étaient signalés par leur courage, et le général leur avait promis des décorations qu'ils avaient noblement gagnées.

Malheureusement, un conflit s'étant élevé entre le commandant en chef et le général de Jouffroy, relativement à la conduite des opérations militaires, les troupes de la 3e division du 17e corps durent subir les effets de cette regrettable dissidence : les réclamations de leur général restèrent vaines.

A la suite de ce conflit, le général de Jouffroy demanda à être relevé de son commandement; le 10, il nous adressait son ordre d'adieu, dans les termes suivants :

« *Officiers, sous-officiers et soldats,*

» Le ministre de la guerre m'a, sur ma demande, relevé de mon commandement.

» Je pars le cœur navré de n'avoir pas encore » obtenu pour vous les récompenses que j'ai de- » mandées avec la plus vive instance et que vous » avez si bien meritées.

» Vous croyez vos services méconnus.

» Les victimes nombreuses que la mort a faites » parmi vous à tous les degrés de la hiérarchie, » les pertes considérables que vous avez causées » à l'ennemi et qu'il a reconnues dans ses bulle- » tins en parlant parfois de vous comme s'il avait » eu devant lui une armée tout entière, attestent » assez l'énergie, le dévouement, la bravoure dont » vous m'avez fourni tant de preuves.

» Seuls, à un moment donné, vous avez pris » l'offensive en partant du Mans et vous avez » poursuivi l'ennemi jusque dans Vendôme ; puis, » opposant au nombre et à une artillerie redouta- » ble une résistance opiniâtre, vous avez, sans » vous laisser entamer ni tourner, disputé pied à » pied, jusque dans Changé, le terrain au flot qui » devait dépasser Le Mans. Le récit détaillé des » nombreux combats que vous avez eu à soute- » nir, celui des marches longues et pénibles que » vous avez eu à supporter, par la neige, la pluie, » par le froid le plus intense, feront ressortir la » modestie trop grande, je l'avoue, avec laquelle » j'ai de temps à autre mentionné vos exploits.

» Courage donc ! Continuez à servir dignement » la patrie ; si l'avenir vous appelle à de nou- » veaux combats, j'observerai vos pas avec or- » gueil.

» Je suis fier d'avoir été à votre tête et, quoi qu'il » arrive, comptez sur ma reconnaissance.

» Le général commandant la 3e division du 17e » corps,

Signé: DE JOUFFROY.

Le général de Jouffroy fut vivement regretté de ses troupes et particulièrement du 70e mobiles dont, on peut bien le dire, il avait un peu abusé.

A tort ou à raison, le nouveau commandant de la division, le général de Maurandy ne jouissait pas d'une grande réputation militaire dans l'armée, depuis l'affaire de Chambord où il s'était laissé surprendre. Il nous restait toutefois un puissant protecteur dans le général de Colomb ; en effet, tant que dura notre présence sous les drapeaux, le commandant en chef de l'armée de Bretagne, justement fier de la vaillante conduite de ses compatriotes, fut plein de sollicitude pour le 70e mobiles et nous combla d'égards.

On a vu précédemment qu'après les débâcles de Parigné-l'Evêque et du Mans, de nombreux mobiles, débandés, avaient abandonné l'armée et s'étaient acheminés vers le Lot. Ces hommes, revenant ainsi au pays, sans ordres, sans permissions, donnèrent là-bas une bien mauvaise idée de ce qu'était réellement le régiment. A part leurs familles, la population ne leur fut pas sympathique ; on ne leur tint pas compte des circonstances dans lesquelles ils avaient quitté l'armée et quelques braillards, qui s'étaient prudemment tenus cois au moment du danger, apprécièrent un peu trop sévèrement la conduite de leurs compatriotes.

Or, le 70e mobiles n'avait à redouter aucune critique, car les débandés eux-mêmes s'étaient bravement conduits dans les combats auxquels ils avaient pris part.

Informé des bruits qui couraient sur le compte de son meilleur régiment, le général de Jouffroy, adressa la lettre suivante au lieutenant-colonel Delgal :

» Laval, le 11 février 1871.

» Mon cher colonel,

» Je vous remercie bien sincèrement de la lettre que vous m'avez adressée hier.

» Je n'ai fait pour le 70e mobiles que ce que la justice me commandait envers un corps dont j'ai été à même tant de fois d'apprécier la valeur.

» Vous me parlez de calomnies dont on chercherait à atteindre le 70e mobiles ; veuillez dire à tous que je ne comprends pas qu'un mot de calomnie puisse être prononcé contre ce brave régiment, et que, si ce mot est prononcé, je serai toujours prêt à le réfuter publiquement d'une manière péremptoire.

» Recevez, etc.

» Le général commandant la 3e division du 17e corps,

Signé : DE JOUFFROY.

C'était là le dernier mot du sympathique commandant de la division.

Dans la première quinzaine de février, le régiment reçut de nombreux renforts du dépôt et les vides faits par les maladies ou les pertes du champ de bataille furent comblés en partie. Les trois bataillons furent reconstitués, mais les compagnies avaient de bien faibles effectifs : soixante hommes environ.

Les cadres d'officiers et de sous-officiers étant complétement insuffisants, de nombreuses promotions durent être faites et, malgré cela, tous les emplois vacants ne furent pas remplis.

Cependant l'Assemblée nationale, réunie à Bordeaux, avait nommé M. Thiers chef du pouvoir exécutif, et chargé cet illustre et regretté citoyen de traiter de la paix ; des négociations étaient entamées à Versailles, les Prussiens se montraient très exigeants, disait-on, et les hostilités pouvaient être reprises à l'expiration de l'armistice. Le prince Frédéric-Charles concentrait son armée dans l'Indre-et-Loire, avec l'intention manifeste de se porter rapidement sur Nantes et d'enfermer l'armée française dans la Bretagne où elle deviendrait dès lors inutile à la défense du pays.

Pour parer à cette éventualité, le général Chanzy demanda et obtint que l'armée qu'il avait formée pour marcher sur Paris, se portât immédiatement sur Poitiers. Le 11, les troupes commencèrent leurs mouvements et, le 16, elles étaient établies sur les positions qui leur avaient été désignées.

L'inaction forcée créée par l'armistice avait été

mise à profit pour organiser les corps, les approvisionner et les instruire. Le 70e mobiles avait changé du tout au tout pendant cette courte période, la seule où l'instruction militaire eût produit des résultats sérieux.

Nos vêtements neufs, les armes en bon état, l'attitude martiale nous donnaient une tournure tout à fait militaire. Peu de régiments de marche offraient un coup d'œil aussi satisfaisant que le 70e mobiles ; les manœuvres d'ensemble s'exécutaient avec une précision vraiment remarquable.

Ces succès rapides étaient dus au lieutenant-colonel Delgal, qui surveillait attentivement toutes les parties de l'instruction et faisait lui-même de fréquentes conférences aux officiers.

VIII

La paix. — Licenciement des armées. — Ordre du jour du général de Colomb. — Désarmement du 70e mobiles. — Le 70e mobiles reçoit l'ordre de partir pour Versailles.

L'armistice expirant le 19 février, avait été prolongé de cinq jours ; les négociations de paix étaient très-laborieuses et c'était avec la plus vive impatience que nous attendions le résultat des conférences ouvertes à Versailles.

Le 25 au soir, nous étions encore sans nouvelles. Nos avant-postes reçurent l'ordre de redoubler de vigilance ; des fourneaux de mine furent placés au pont de Forcé et à tous les ponts de Laval. Partout on se préparait activement à reprendre la lutte ; tous les visages étaient anxieux.

Ces préparatifs n'étaient guère rassurants ; mais, le 27, l'entente sur les préliminaires de la paix paraissait assurée.

La France entière désirait la fin de la guerre. Un nouveau désastre venait de fondre sur la patrie : la première armée de la Loire, vaincue, avait dû chercher un refuge en Suisse ; toutes les troupes étaient en proie au plus profond découragement.

Défaite, meurtrie, la France dût se résigner et subir les conditions du vainqueur ; l'Assemblée nationale vota la paix, on sait au prix de quels sacrifices.

Le 7 mars, le gouvernement décida que les armées seraient licenciées. Quelques jours plus tard, les mobilisés furent désarmés et rentrèrent dans leurs foyers ; les régiments de ligne furent dirigés sur des villes de garnison et principalement sur Paris où une insurrection était imminente.

Le 15, le général de Maurandy passait une dernière revue des troupes de la division. Ce même jour, le 70e mobiles recevait l'ordre de se tenir prêt à se mettre en route pour le Lot où il devait se rendre par lignes d'étapes.

Le 17, le commandant de l'armée de Bretagne

nous adressait l'ordre du jour suivant :

ORDRE GÉNÉRAL

» Soldats de l'armée de Bretagne,

» L'armée va être dissoute peu à peu, les mo-
» bilisés et les corps francs sont licenciés. Les
» 45e et 46e de marche sont allés à Paris. Le parc
» d'artillerie, les batteries des divisions et des ré-
» serves, les régiments de la division de cavalerie,
» les bataillons de chasseurs à pied, quelques ré-
» giments de ligne ont reçu des destinations et
» vont partir sous peu. Les troupes de ligne qui
» restent, les régiments de garde nationale mo-
» bile ne tarderont pas à les suivre.

» Beaucoup d'entre vous vont rentrer dans
» leurs foyers ; qu'ils y arrivent le front haut, la
» conscience tranquille, comme des gens qui ont
» accompli un grand devoir.

» Ce n'est pas votre courage qui a été vaincu,
» soldats ! c'est votre inexpérience.

» Ce n'est malheureusement pas en prenant
» une arme et en endossant un uniforme qu'on
» acquiert les qualités d'un homme de guerre. Des
» traditions précieusement conservées et trans-
» mises, une discipline sévère, acceptée libre-
» ment et sans discussion, peuvent, seules, les
» donner.

» Vous avez supporté vaillamment les intempé-
» ries d'un hiver exceptionnellement rigoureux,
» des privations et des souffrances de toute espè-
» ce, de grandes fatigues ; vous avez affronté bra-

» vement la mort, mais cela n'a pas suffi pour
» vaincre.

» Il vous manquait l'organisation, l'instruction
» militaire, les liens qui auraient dû relier en un
» seul faisceau puissant tous ces efforts presque
» annihilés par l'isolement.

» Rappelez-vous dans la vie civile où vous allez
» rentrer, que les armes et les uniformes que
» vous avez portés, anoblissent et obligent. Rap-
» pelez-vous que vous devez respect et obéissance
» aux autorités établies. N'écoutez jamais les con-
» seils des hommes de désordre qui n'admettent
» aucune règle, aucun frein et qui ne tendent qu'à
» bouleverser la société. Repoussez toujours ces
» doctrines malsaines qui sapent les sentiments
» de famille, les lois morales et civiles, les règles
» établies et qui, si elles étaient admises, ne pour-
» raient servir qu'à consommer la ruine de notre
» malheureuse patrie.

» La France a besoin de paix, de calme, de tra-
» vail, pour panser ses plaies, pour refaire ses
» forces, pour redevenir la grande et forte nation.
» Assurez-lui cet indispensable repos par votre
» attitude partout où vous serez. Portez dans les
» villes et les campagnes la haine de l'envahisseur
» que vous n'avez pu vaincre et repousser ; inspi-
» rez-la à vos enfants avec le sentiment des grands
» devoirs à remplir plus tard.

» Soldats ! je suis fier de vous avoir comman-
» dés et mon plus vif désir, mon plus ferme es-
» poir, sont de vous retrouver un jour sur les

» champs de bataille où notre chère France ressaisira la victoire.

» Le général en chef de l'armée de Bretagne,

» *Signé :* DE COLOMB. »

Dans la journée du 18 mars, les 1er et 3e bataillons du 70e mobiles allèrent à Laval rendre leurs armes. Nous eussions vivement désiré rentrer à Cahors avec armes et bagages, mais une formidable insurrection venait d'éclater à Paris, il fallait des armes pour la vaincre. Dès leur rentrée de leur dure captivité en Allemagne, nos pauvres soldats étaient immédiatement armés avec les fusils des troupes licenciées, et dirigés soit sur Versailles, soit sur les grandes villes où des troubles étaient à craindre.

Les deux bataillons désarmés devaient se mettre en route pour Cahors le 19 au matin ; le 2e après avoir rendu ses armes dans la journée, devait suivre les deux autres à un jour d'intervalle.

Nous éprouvions une joie bien vive à la pensée de rentrer sains et saufs dans nos familles, et la perspective des fatigues que ce long voyage à pied allait nous occasionner, ne nous effrayait nullement, lorsque, dans la nuit, un ordre parvenu au lieutenant-colonel vint jeter la consternation dans tous nos cantonnements : notre itinéraire venait d'être brusquement modifié.

Au lieu de rentrer dans nos foyers, il nous était prescrit de nous rendre à Laval aux premières heures du jour, pour être immédiatement dirigés sur Versailles où nous devions rallier l'armée chargée de combattre l'insurrection.

Ce fut un coup de foudre !

Après tant de fatigues, après tant de souffrances, après les dangers que nous avions courus, nous étions encore désignés pour combattre ! Et contre qui ? contre nos frères, contre des Français égarés qui, mettant le comble aux malheurs de la patrie, venaient encore ajouter à ses désastres, à ses ruines et à ses deuils.

L'ordre envoyé au régiment portait que le départ devait s'effectuer immédiatement, car il y avait extrême urgence. Or, le 2e bataillon se trouvant seul armé, dût prendre les devants et alla s'embarquer à Laval ; les deux autres se préparèrent à reprendre leurs armes et à le rejoindre rapidement.

IX

Le deuxième bataillon à Versailles. — Impressions. — Le retour au pays.

A dix heures du matin, un train emportant le 2e bataillon du 70e mobiles et des troupes d'infanterie de marine, quittait la gare de Laval et ne s'arrêtait qu'à huit heures du soir à Chartres, où il se garait en attendant des ordres pour continuer sa route.

Le lendemain, 20 mars, nous étions encore à

Chartres, à onze heures du matin, lorsqu'une dépêche de Versailles vint donner l'ordre de repartir en toute hâte. A ce moment, mobiles et soldats avions abandonné nos cantonnements roulants et parcourions en touristes la ville de Marceau ; les clairons de l'infanterie de marine sonnèrent le rappel, le refrain du 70e mobiles retentit dans les rues et, en quelques instants, tout le monde était en wagons.

Le train s'ébranla et partit à toute vapeur ; à trois heures de l'après-midi, nous étions en gare de Versailles.

Après avoir débarqué, les compagnies du bataillon allèrent se ranger en bataille devant la gare, les faisceaux furent formés, des hommes de garde furent désignés pour surveiller les armes et, comme nous ne recevions aucun ordre, le commandant Pechverty alla demander des instructions.

Bientôt des groupes de curieux, tout étonnés de l'arrivée de mobiles, vinrent nous entourer et nous pressèrent de questions, soit sur les combats de l'armée de la Loire, soit sur la disposition des esprits en province. De notre côté, nous leur demandâmes des nouvelles de Paris et des détails sur l'occupation de Versailles par les allemands.

Parmi ces groupes, quelques individus commencèrent une active propagande en faveur de la Commune et cherchèrent à nous détourner de nos devoirs en nous engageant à refuser de marcher contre les insurgés ; mais, quelques mobiles, ne comprenant qu'une chose à tous ces discours, c'est que l'insurrection parisienne était seule cause qu'ils ne rentraient pas dans leurs familles, éconduisirent assez vertement les déclamateurs.

Poussés par la plus vive curiosité, presque tous les mobiles coururent vers la ville, en s'engageant par groupes dans les grandes avenues qui conduisent au château. Arrivés devant la grille, la plupart, émerveillés des beautés qui s'offraient à leurs regards, ne songèrent plus à retourner sur leurs pas et, poussant toujours droit devant soi, ils pénétrèrent dans le parc qu'ils visitèrent jusqu'à Trianon.

Pendant leur long séjour à Versailles, les Prussiens n'y avaient commis aucun dégât sérieux ; quelques habitants avaient même trouvé le moyen de faire de bonnes affaires avec eux.

L'Assemblée nationale siégeant pour la première fois à Versailles ce jour-là, une grande animation régnait dans la ville. Une foule nombreuse et avide de renseignements se pressait aux abords du château ; les physionomies étaient sombres, l'anxiété était grande, car on avait de fort mauvaises nouvelles de Paris.

Des pièces de canon étaient en batterie devant la grille du château et dans les avenues, le bruit des tambours, des trompettes et des clairons retentissait dans tous les quartiers de la ville ; des reconnaissances de cavalerie se dirigeaient sur Paris où cent mille gardes nationaux réunis au Point-du-Jour, se préparaient, disait-on, à marcher sur Versailles. Les forces à opposer à l'insurrection étaient encore peu nombreuses : une trentaine de mille hommes tout au plus; et cette armée, encore sans cohésion, était fortement impressionnée par les défections qui venaient de se produire à Paris où des troupes de ligne avaient pactisé avec l'émeute.

L'émotion était vive et la situation avait quelque anologie avec les premiers jours de la Révolution française. Un rêveur eût cru entendre dans le lointain les roulements du tambour de Maillart ou le bruit des pas des bataillons de Lafayette. Le ciel était chargé d'orages.

Bientôt les éclairs et les tonnerres allaient illuminer l'horizon et retentir douloureusement d'un bout à l'autre de la France entière; un sang généreux, le sang français, devait encore couler à flots dans la lutte fratricide qui se préparait, et nos malheureux soldats, retrouvant toute leur énergie, malgré leurs fatigues, allaient montrer une fois de plus ce dont ils étaient capables pour sauver la société, en pénétrant au sein de la capitale à travers la fumée des incendies et la poussière des ruines.

Mais revenons à notre présence à Versailles.

Le commandant Pechverty s'était rendu au quartier-général où on ignorait notre arrivée. A cette nouvelle, on reconnut de suite que c'était le fait d'une erreur ; l'ordre avait été mal transmis ou mal compris, car les mobiles, licenciés, ne pouvaient être rappelés à l'activité que par une loi.

Aussi, séance tenante, on signa au commandant Pechverty un ordre de route pour se rendre directement à Cahors et, en récompense de la vaillante conduite du 70e mobiles pendant la campagne, il fut décidé que le 2e bataillon rentrerait à Cahors, armes et bagages. C'était un honneur insigne.

Lorsque, à la nuit, les mobiles, de retour de leurs pérégrinations en ville, connurent la nouvelle du départ, la joie fut immense, et de peur qu'on ne revînt sur cette décision, chacun aurait voulu partir sur-le-champ.

Nous passâmes notre dernière nuit de bivouac sur les trottoirs de la gare, et le lendemain, dans la matinée, nous étions en chemin de fer faisant route pour le Quercy.

Le 22 mars, à trois heures du soir, le 2e bataillon débarqua à la gare de Cahors et défila jusqu'à la caserne aux acclamations d'une foule enthousiaste, heureuse de revoir enfin ses enfants aimés.

Le bataillon fut désarmé le soir même et licencié le lendemain.

Quant aux deux autres bataillons, réarmés dans la journée du 19, ils avaient été embarqués le lendemain et dirigés sur Versailles, mais un contre-ordre les avait arrêtés au Mans où ils avaient été désarmés de nouveau. Nos camarades devaient rentrer à Cahors par lignes d'étapes.

Cependant, un très-grand nombre de mobiles, impatients de courir embrasser leurs parents, sollicitèrent et obtinrent de prendre à leurs frais le chemin de fer. Cet exemple fut contagieux, le dégoût s'en mêla, car nos mobiles étaient comme honteux de marcher militairement le long des routes, n'ayant d'autre arme qu'un bâton ; aussi, après quelques jours de marche, il ne resta plus personne, les cadres arrivèrent seuls à Cahors.

Il est inutile de dire combien furent vives les joies et les émotions du retour. Mais aussi, que de larmes, que de douleurs, que de regrets, que de deuils! Combient avaient succombé, ravis à l'affection de leurs familles désolées et inconsolables !

CONCLUSION.

Par sa vaillante conduite sur les champs de bataille de l'armée de la Loire, le 70e mobiles a élevé bien haut la réputation de bravoure des Quercynois, et le département du Lot peut, à bon droit, s'honorer de sa participation à la défense nationale.

Les pertes du régiment n'ont pas encore été exactement relevées ; toutefois, soit par le feu de l'ennemi, soit par les maladies occasionnées par les souffrances et les privations, on peut, sans crainte d'exagération, évaluer à un quart de son effectif les combattants de la garde nationale mobile du Lot qui ont payé de leur vie leur dévouement à la patrie.

Tout passe vite ici bas ; mais le souvenir de nos frères d'armes glorieusement tombés, sous le feu de l'envahisseur, restera toujours dans nos pensées : ils furent nos amis, nos compagnons de lutte, ils sont morts à nos côtés.

Dormez en paix votre éternel sommeil, modestes héros, vous ne serez point oubliés !

Une pyramide, hommage de reconnaissance, d'admiration et de regrets, va bientôt être élevée à votre mémoire par la piété publique, et, tout en perpétuant votre souvenir, la vue de ce monument entretiendra dans les cœurs la haine de l'Allemand, ravisseur de nos chères provinces, l'Alsace et la Lorraine !

Au jour de la revanche nationale, les enfants du Lot, s'inspirant de votre patriotisme et de votre dévouement, sauront marcher sur vos traces, et, plus heureux que vous, parce qu'ils auront été préparés, ils contribueront puissamment par leur courage à ramener de nouveau la victoire sous les drapeaux de la France !

Décembre 1877.

FIN.

APPENDICE

Ordre de bataille de la 3e division d'infanterie du 17e corps.

Commandants successifs : Deflandre, général de brigade. De Jouffroy d'Abbans, général de division auxiliaire.

Chefs d'état-major successifs : Forgemol, colonel. Burr-Porter, chef d'escadron. Mourlan, chef d'escadron.

Commandants successifs de l'artillerie : Serron, chef d'escadron. Lefèvre, chef d'escadron.

Commandant du génie : Pavillon, chef de bataillon.

Intendant : Thouroude, sous-intendant.

Prévôts successifs : Bouchesciche, sous-lieutenant de gendarmerie. Delettre, capitaine.

1re *Brigade.*

Commandants successifs : de Jouffroy, colonel. Didier, colonel. Tartrat, colonel.

1er bataillon de chasseurs à pied : Rodde, chef de bataillon.
45e de marche : Didier, lieutenant-colonel.
70e de mobiles : Delgal, lieutenant-colonel.

2e *Brigade.*

Commandant : Sautereau, colonel.
46e de marche : Tartrat, lieutenant-colonel.
76e de mobiles : d'Angerville, lieutenant-colonel.

Artillerie : 20e batterie du 8e régiment : Gradoz, capitaine. 20e batterie du 10e régiment : Freschard, id. 21e batterie du 14e régiment : Bacque, id.

Génie : 1re section de la 4e compagnie *bis* du 1er régiment : Marion, capitaine.

Cavalerie : Escadron des éclaireurs bordelais : Rauderot, capitaine.

ETAT nominatif des officiers de la garde nationale mobile du Lot.

BATAILLON	COMPAGNIE	NOMS.	GRADES.	DATE DE LA DERNIÈRE NOMINATION.	OBSERVATIONS.
		Esportelle	Lt-colonel	8 octobre 1870	Rentré à Cahors le 20 novembre 1870.
		Vigouroux	id.	1er décemb. 1870	Blessé à Layes le 8 décembre 1870 et fait prisonnier.
		Delgal	id.	11 décemb. 1870	Contusionné le 8 décembre 1870.
		Fouilhade	Chef de bat.on	De la formation	Tué à Origny, près Josnes, le 10 déc. 1870.
		Guiraudies-Capdeville	id.	28 octobre 1870	Contusionné le 10 décembre 1870 à Ourcelle. Blessé le 10 janvier 1871 à Parigné-l'Evêque et fait prisonnier.
		Pechverty	id.	27 janvier 1871	A fait toute la campagne.
1	3	De Bellefond	Capitaine	De la formation	Disparu le 11 janvier 1871 au Mans.
1	4	De Lavaur	id.	id.	Fait prisonnier à Parigné-l'Evêque le 10 janvier 1871.
1	5	De Tulles	id.	id.	Blessé le 8 décembre 1870 à Layes.
1	6	Guillou	id.	id.	Rentré à Cahors pour maladie le 14 déc. 1870.
1	7	Savoyt	id.	id.	Malade, évacué le 3 novembre 1870.
2	1	Vergne	id.	id.	A fait toute la campagne.
2	2	Lacombe	id.	id.	Rentré à Cahors le 3 novembre 1870.

2	3	Ruy	Capitaine.	De la formation	Passé dans un régiment de cavalerie.
2	4	Roques	id.	id.	Evacué le 4 décembre 1870, rentré au corps à l'armistice.
2	5	Calvel	id.	id.	Fait prisonnier à Parigné-l'Evêque, le 10 janvier 1871.
2	6	Darnis	id.	id.	Passé au 5e dragons.
3	1	Bru	id.	id.	Blessé le 10 janvier 1871 à Parigné-l'Evêque.
3	2	Ischer	id.	6 novembre 1870	Blessé mortellement le 10 déc. 1870 à Ourcelle.
3	3	Devic	id.	id.	A fait toute la campagne.
3	4	Ayot	id.	id.	Blessé mortellement le 10 déc. 1870 à Ourcelle.
3	5	Lallemand	id.	id.	Blessé le 8 décembre 1870 à Layes.
3	7	Camperos	id.	id.	Blessé le 6 janvier 1870 à Gué-du-Loir.
2	6	Lafon	id.	23 novemb. 1870	Blessé mortellement le 6 janvier 1871 à Gué-du-Loir.
1	1	Rambouze	id.	12 décemb. 1870	A fait toute la campagne.
1	2	Ausset	id.	id.	Fait prisonnier à Parigné-l'Evêque le 10 janvier 1871.
1	6	Maloden	id.	id.	Blessé le 10 janvier 1871 à Parigné-l'Evêque.
1	7	Camy	id.	id.	A fait toute la campagne.
2	3	Dunoyer	id.	id.	id.
3	2	Causse	id.	id.	id.
3	5	Dégât	id.	id.	Fait prisonnier le 10 janv. 1871, tué dans une rencontre de trains dans le tunnel de Montmédy.
3	6	De Cardailhac, aîné	id.	id.	Blessé le 6 janvier 1871 à Gué-du-Loir.
2	1	Moussié	id.	id.	Contusionné le 10 décembre 1870 à Ourcelle. Rentré au corps pendant l'armistice.

1	5	Toulza	Capitaine.	26 décemb. 1870	Fait prisonnier à Parigné-l'Evêque le 10 janvier 1871.
2	2	Arnal	id.	id.	A fait toute la campagne.
2	5	Latapie	id.	id.	id.
3	5	Miffre	id.	id.	Disparu le 10 janvier 1871 à Parigné-l'Evêque.
1	5	Boyer	id.	25 février 1871	A fait toute la campagne.
2	6	Courtil	id.	id.	id.
2	7	Lamarche	id.	id.	id.
1	7	Maury	id.	id.	Blessé le 8 décembre 1870 à Layes.
3	4	Vigié	id.	id.	A fait toute la campagne.
2	2	Ménauge	id.	id.	id.
1	3	De Cardailhac (Joseph)	id.	id.	id.
2	4	Bex	id.	id.	id.
1	1	Durand	Lieutenant.	De la formation	Nommé officier d'ordonnance à Orléans, mis hors cadre.
1	4	Lasserre	id.	id.	Malade, évacué le 28 janvier 1870.
1	5	Rodolosse	id.	id.	Malade, évacué le 7 décembre 1870.
1	7	Mabru	id.	id.	Malade, évacué le 4 décembre 1870.
2	2	Guyot	id.	id.	Blessé mortellement le 10 déc. 1870 à Origny.
2	5	D'Adhémar	id.	id.	Nommé officier d'ordonnance, mis hors cadre.
2	7	Bouygues, aîné	id.	id.	Blessé mortellement le 10 décembre 1870 à Villejouan.
3	1	Moulins	id.	id.	Fait prisonnier le 10 déc. 1870 à Villejouan.
2	6	Rougié	id.	23 novemb. 1870	Blessé le 10 décembre 1870. Amputé.
1	5	Desplats	id.	12 décemb. 1870	Fait prisonnier le 10 janvier 1871 à Parigné-l'Evêque.

2	6	Lavaysse	Lieutenant	12 décemb. 1878	A fait toute la campagne.
3	3	Planfade	id.	id.	Fait prisonnier le 10 janvier 1871 à Parigné-l'Evêque.
2	7	Linol	id.	26 décemb. 1870	Tué le 10 janvier 1871 à Parigné-l'Evêque.
3	2	De Beauregard	id.	id.	Tué le 10 janvier 1871 à Parigné-l'Evêque.
2	6	Souilhac	id.	id.	Blessé le 6 janvier 1871 à Gué-du-Loir.
»	»	Gardot	id.	id.	A fait toute la campagne.
1	5	Pradines	id.	25 janvier 1871	id.
2	4	Vival	id.	id.	id.
2	3	Fourniol	id.	id.	id.
3	5	Martine	id.	id.	id.
1	3	Montagne	id.	id.	id.
1	5	Berbié	id.	26 décemb. 1870	id.
2	7	Rémy	id.	id.	id.
1	7	Capmas	id.	25 janvier 1871	id.
1	1	Brugidou	id.	id.	id.
3	6	Malbert	id.	id.	id.
3	7	Pélissié	id.	id.	id.
3	2	Bouzerand	id.	id.	id.
3	3	Duvignaud	id.	id.	id.
1	4	Tournié	id.	id.	id.
1	1	Rivière	Sous-lieut.t	De la formation	Malade, évacué le 7 décembre 1870.
1	6	Laucou	id.	id.	Malade évacué le 20 novembre 1870.
2	6	Fouilhade	id.	id.	Blessé le 10 décembre 1870 à Origny.
2	7	Bouygues, jeune	id.	id.	Blessé le 10 décembre 1870 à Villejouan.
3	6	Mas	id.	id.	Malade, évacué le 14 décembre 1870.

2	4	Vilhiès	Sous-lieut.t	12 décemb. 1870	Disparu au Mans.
2	5	Pouzergues, Eugène	id.	id.	A fait toute la campagne.
2	5	Quorcy	id.	id.	Malade, rentré à Cahors.
2	6	De Roaldès	id.	id.	A fait toute la campagne.
3	3	Pouzergues (François)	id.	id.	Fait prisonnier le 10 janv. 1871, à Parigné-l'Evêque.
1	1	Desprat	id.	26 décemb. 1870	Fait prisonnier le 10 janvier 1871.
1	3	Conduché	id.	id.	Fait prisonnier le 10 janvier 1871.
3	2	Ayral	id.	id.	Disparu le 10 janvier à Parigné-l'Evêque.
2	4	Grangié	id.	id.	A fait toute la campagne.
3	7	Martin	id.	25 février 1871	id.
2	[illegible]	Darnis	id.	id.	id.
2	2	Lacoste	id.	id.	id.
»	»	Rogier	id.	id.	id.
3	1	Viguié	id.	id.	id.
1	4	Linol	id.	id.	id.
1	1	Gouloumès	id.	id.	id.
3	5	Laduranty	id.	id.	id.
3	1	Lagarrigue	id.	id.	id.
1	6	Pomarède	id.	id.	id.
1	7	Roux	id.	id.	id.
1	5	Fabrègue	id.	id.	id.
2	3	Gondran	id.	id.	id.
2	5	Séguy	id.	id.	id.
3	4	Millerat	id.	id.	id.
2	6	Gaillard	id.	id.	id.
1	4	Dujol	id.	id.	id.

ÉTAT nominatif des officiers, sous-officiers et soldats de la garde nationale mobile du Lot qui ont obtenu des récompenses honorifiques.

NOMS ET PRÉNOMS	GRADES.	DATE DU DÉCRET DE NOMINATION.	NATURE DE LA DÉCORATION OBTENUE.	OBSERVATIONS.
Guiraudies-Capdeville	Chef de bat.on	9 janvier 1871	Chev. de la Légion d'honneur	S'est distingué dans l'affaire du 8 décembre 1870.
De Tulles	Capitaine	id.	id.	1 blessure.
Bouygues, aîné	Lieutenant	id.	id.	1 blessure.
Vergnes	Capitaine	17 janv. 1871	id.	Belle conduite dans l'affaire du 31 décembre 1870.
D'Adhémard	Lieutenant	id.	id.	
Vigouroux	Lt.-colonel	mars 1871	id.	1 blessure.
De Cardailhac	Capitaine	id.	id.	1 blessure.
Bouygues, jeune	Sous-lieutt	id.	id.	1 blessure.

Pélisslé	Caporal	mars 1871	Médaille militaire	
Verdié	Sergent	id.	id.	
Delgat	Lt-colonel	27 juillet 1871	Officier de la Légion d'honneur	Belle conduite pendant la campagne.
Devic	Capitaine	id.	Chev. de la Légion d'honneur	
Maury	Capitaine	id.	id.	1 blessure.
Rougié	Sous-lieutt	id.	id.	Amputé.
Dayma (Alexis)	Adjudant	id.	Médaille militaire	
Vigié (Sylvain)	Sergent	id.	id.	
Baldy (Pierre)	Sergent	id.	id.	
Derrupé (Eugène)	Garde mobile	id.	id.	1 blessure grave.
Beldio (Pierre)	id.	id.	id.	Ont repris à l'ennemi une pièce de canon.
Filhol (Pierre)	id.	id.	id.	
Pécoul (Pierre)	id.	id.	id.	
Maladen	Capitaine	16 octob. 1871	Chev. de la Légion d'honneur	A repris à l'ennemi une pièce de canon.
Vailles	Sergent	id.	Médaille militaire	Amputé.
Lallemand (René-L.)	Capitaine	1er fév. 1872	Chev. de la Légion d'honneur	1 blessure.

ÉTAT nominatif des officiers de la garde nationale mobile du Lot qui ont été cités à l'ordre du régiment pendant la campagne de 1870-1871.

(Pièce communiquée par le ministère de la guerre.)

NOMS ET PRÉNOMS.	GRADE.	CITATIONS.
Delgal (Pierre-Etienne-Justin)	Lieutenant-colonel	Trois citations : 8 décembre 1870 à Layes-sous-Cravant, 27 décembre 1870 à Montoire, 4 janvier 1871 commandant une forte reconnaissance offensive.
Guiraudies-Capdeville (Jean-Baptiste-Paul-Victor-Isidore-Lezins)	Chef de bataillon	Cité à l'ordre du régiment : 10 décembre 1870 à Ourcelle ; 10 janvier 1871 à Parigné-l'Evêque.
Pechverty (Pierre)	Chef de bataillon	Cité à l'ordre du régiment pour sa conduite à Origny (10 décembre 1870).
Arnal (Jean)	Capitaine	Cité à l'ordre du régiment le 27 décembre 1870 (Montoire).

Ausset (Théodore-Augustin)	Capitaine	Cité à l'ordre du régiment pour sa belle conduite le 10 décembre à Origny, le 6 janvier au Gué-du-Loir, et le 9 janvier à Courdemanche.
Boyer (Amédée)	id.	Cité à l'ordre du régiment pour sa belle conduite dans la journée du Mans, 11 janvier.
Camy (Antonin)	id.	Citation à l'ordre du régiment : affaire d'Origny et pour les 2 journées du Mans.
De Cardaillac (Jean-Jacques-Marie-Joseph-Frédéric.)	id.	Cité deux fois à l'ordre du jour du régiment pour sa belle conduite aux combats de Layes-sous-Cravant (8 décembre 1870) et Gué-du-Loir (6 janvier 1871).
Causse (Jean-Marie-Louis-Numa)	id.	Cité à l'ordre du régiment pour sa belle conduite à Layes-sous-Cravant et Parigné-l'Evêque.
Courtil (Jean-Baptiste-Pierre-Marcelin)	id.	Cité à l'ordre du régiment pour sa belle conduite à Parigné-l'Evêque et aux deux journées du Mans.
Devic (Charles-Odilon)	id.	Cité à l'ordre du jour pour sa belle conduite (sans autre renseignement.)
Dunoyer Alphonse)	id.	Cité à l'ordre du régiment pour sa conduite à Origny (10 décembre 1870).
Lallemand (René-Léon)	id.	Cité à l'ordre du régiment pour sa belle conduite à Layes-sous-Cravant, le 8 décembre 1870.

Latapie (Arsène)	Capitaine	Cité à l'ordre du régiment pour sa conduite au Mans le 11 janvier 1871.
Maladen (Edmond)	id.	A Parigné-l'Evêque, le 10 janvier, a sauvé une mitrailleuse.
Maury (Antoine)	id.	Cité à l'ordre du régiment pour sa belle conduite à Layes-sous-Cravant, le 8 décembre 1870.
Ménauge (Louis-Grégoire)	id.	Cité à l'ordre du régiment pour sa belle conduite à Montoire (27 décembre 1870) et à Parigné-l'Evêque (10 janvier 1871)
Miffre (Jules-Marie-Antoine)	id.	Cité à l'ordre du régiment pour sa belle conduite dans la journée du 6 janvier (Gué-du-Loir).
Rambouze (Marcelin)	id.	Cité à l'ordre du régiment pour sa belle conduite dans les affaires d'Ourcelle (10 déc. 1870) et du Mans (12 janv. 1871)
Gardot (Jules-Joseph)	Lieutenant.	Cité à l'ordre du régiment le 10 décembre pour sa conduite à Ourcelle.
Martine (Joseph)	id.	S'est distingué à l'affaire du Gué-du-Loir et a été porté à l'ordre du régiment pour ce fait.
Lagarrigue (François)	Sous-lieutenant.	A été cité à l'ordre du régiment pour sa belle conduite à Layes-sous-Cravant.

TABLE DES MATIÈRES.

FIN DE LA TABLE.

Théâtre des Opérations de la 3e division du 17e corps (2e armée de la Loire).

Echelle de 1

Aut. Castanet, Cahors.

www.ingramcontent.com/pod-product-compliance
Ingram Content Group UK Ltd.
Pitfield, Milton Keynes, MK11 3LW, UK
UKHW020312230726
13925UKWH00002B/376

9 782013 499682